上海家长学校
名人家庭教育丛书

杨敏 主编

张志京 王仁彧 著

中国近现代名人家庭教育启示录

法学家卷

上海人民出版社
上海远东出版社

图书在版编目(CIP)数据

中国近现代名人家庭教育启示录.法学家卷/张志京,王仁彧著.—上海：上海远东出版社,2023
(名人家庭教育丛书)
ISBN 978-7-5476-1947-6

Ⅰ.①中… Ⅱ.①张…②王… Ⅲ.①家庭教育-中国②法学家-生平事迹-中国-近现代 Ⅳ.①G78②K825.19

中国国家版本馆CIP数据核字(2023)第183886号

责任编辑 冯裴培
封面设计 李　廉

本书由上海开放大学
家庭教育教材开发与出版项目资助出版

名人家庭教育丛书

中国近现代名人家庭教育启示录.法学家卷

张志京　王仁彧　著

出　版	上海遠東出版社
	(201101　上海市闵行区号景路159弄C座)
发　行	上海人民出版社发行中心
印　刷	上海信老印刷厂
开　本	890×1240　1/32
印　张	4.625
字　数	90,000
版　次	2023年12月第1版
印　次	2023年12月第1次印刷
ISBN 978-7-5476-1947-6/G·1185	
定　价	40.00元

名人家庭教育丛书

编委会

主　　任　王伯军
副 主 任　王松华　王　欢　应一也　郑　瑾
编委会成员　蒋中华　徐文清　邝文华　祝燕国
　　　　　　陈圣日　金新宇　吴　燕　毕玉龙
　　　　　　沈忠贤　丁海珍　张　令　叶柯挺
　　　　　　陆晓春　朱　斌　王秋兰　汤　为

总序

每个时代各领域的名人名家通常都具有敏锐的洞察力和感知力,是新思想、新观念的传播者,也是社会变革的积极参与者和推动者。

作为一个有思想、有力量、有张力的群体,名人名家大多对其所在的领域有深入的理解和独特视角,能够提供有前瞻性、创新性的思想和观点,引领社会的发展方向。他们中的一部分人是社会的领导者和决策者,其决策和行为直接影响社会的稳定与和谐;他们通过自身的影响力和权威,在社会中起到调节和稳定的作用。

与此同时,他们也是各类知识和技术的传授者,通过教育推广、研究思考和实践行动,将自己的知识和经验传递给更多的人,推动社会的科技进步;他们作为公众人物,其言行能够对公众产生较大影响,塑造公众的价值观和世界观,助推社会奔向未来。

此外,他们的成功与名望,往往能鼓舞更多的人去追寻自己的目标;他们的存在就像一座座灯塔,为大众指明前行的方向。而他们在家庭教育方面的与时俱进、勇于创新,正是他们在整个社会发展中敢于尝试和创造的价值折射。

从宏观角度而言,近现代中国的家庭教育像浮雕一样凸显在中国教育史上。在西方社会文化思潮和教育思想涌入中国社会的同时,中国传统家庭教育自身也开始对旧式的家庭教育理念与实践展开了自我批判,并在尝试改革与重构。[1] 随着中国社会的转型,近现代中国各领域名人大家的家庭教育都发生了巨大变化。其重要特征,就是他们把科学、民主、平等的思想观念和实践行动带入家庭教育中,将家庭教育爱国育人的优秀传统和科学、民主、平等的时代精神兼收并蓄、相互融通,以适应转型社会对人才培养的要求,开创了一股更新家庭伦理和教育观念的新风气,也带来了中国家庭教育与人才培养的新时代。

纵观 1840 年至 1949 年的我国家庭教育发展史,大致可以划分为四个阶段[2]。

第一阶段,从 1840 年鸦片战争到 19 世纪 60 年代,是我国家庭教育近现代转型的沉默期。此阶段家庭教育总体上尚未突破传统模式,也未呈现家庭教育转型的痕迹。

第二阶段,从 19 世纪 60 年代至 90 年代,是我国家庭教育近现代转型的起步期。此一时期,家庭教育近现代化的步伐比较缓慢,只局限在一些高层统治者和名人大家尤其是官宦家庭中。

第三阶段,从 19 世纪末到 1912 年中华民国成立,是我国家庭教育近现代转型的发展期。在此阶段,我国家庭教育随着近

---

[1] 季瑾:《家庭教育现代化的启动与发展——计于民国家庭教育史的研究》,南京:南京师范大学,2013 年。
[2] 南钢:《我国家庭教育的近代转型》,兰州:西北师范大学,2001 年。

现代文化教育转型的深入而逐渐深化,在家庭教育的内容、方法、原则及理论层面都有突破性的成就,家庭教育成为一种较普遍的社会意识。

第四阶段,从 1912 年中华民国成立到 1949 年中华人民共和国成立,是我国家庭教育近现代转型的成熟期。此一时期,随着对西方幼儿教育思想、制度及儿童心理学的学习,家庭教育思想发生了革命性变革,使得家庭教育的目的、作用、内容和方法等,都显示出鲜明的近现代特征。

从发展趋势来看,这四个阶段的家庭教育转型呈现的大方向是父母对子女教育的两个转变:从注重孝道、尊重长辈和家族的传统规矩,向更加关注子女的个人发展和自由意志,注重理性思维和科学知识的转变;从传统的权威教育,向自由、平等和科学的教育转变同时,提倡男女平等和尊重个体差异。

基于这些转变,父母教育子女的方式和理念发生了巨大变化,近现代中国家庭教育呈现以下六个主要特点。

第一,注重传承价值观。近现代名人名家的家庭教育无一例外都有自己的一套核心价值观和生活哲学,他们希望通过家庭教育将这些价值观和生活哲学传承给下一代,包括对社会责任感的理解、对人生目标的设定、对成功的定义等。

第二,重视全面发展。他们的家庭教育往往强调个人的全面发展,涵盖传统文化、学业专攻、艺术爱好、社交能力等多方面的能力培养。他们的目标不仅仅是让孩子在学业上取得优异的成绩,更注重培养他们的独立思考能力、创新意识和解决问题的能力。

第三,提供丰富资源。近现代名人名家通常都拥有丰富的资源,所以他们可以为孩子提供更多的学习和成长机会,包括优质的教育资源、各种社会活动以及旅行经验等。

第四,高度参与子女的成长。在子女成长的过程中,他们大都高度参与了孩子的教育行动,对孩子的学习、活动、兴趣、理想、志趣等方面都细心关注,在必要时提供高能的指导和帮助。

第五,培养子女的自主性。近现代名人名家的家庭教育十分注重鼓励孩子独立思考和自主决策,多方面提高子女的自主性和适应性,使孩子能够更好地面对未来的挑战。

第六,国际化视野。近现代名人名家通常都具有较高的国际化视野,他们会通过各种方式让孩子接触国际文化,提升他们的国际意识和跨文化交际能力。

在此基础上,近现代中国家庭教育的发展与嬗变具有令人瞩目的价值:首先是培养优秀人才。家庭教育是培养优秀人才的基础,通过科学合理的家庭教育,可以培养出具有独立思考、创新能力和社会责任感的青年一代。其次是促进社会和谐发展。家庭教育对于社会和谐发展具有重要作用,良好的家庭教育能够培养出有健康人格和积极向上的社会行为习惯的公民,为社会的进步贡献力量。再次是传承优秀文化。中国历史悠久的家庭教育传统具有深厚的文化内涵,通过传承和弘扬这些优秀的家庭教育文化,可以使家庭教育更加健康、科学、有效,为社会提供稳定的文化基础。

以此为背景,本套丛书以近现代时期名人大家的家庭教育思想与实践为切入点,通过挖掘他们人生历程、事业成就、亲子绵延与家庭教育之间的密切关系,展现两代人、几代人在家庭教育中薪火传递、生生不息的真实图景,进而从中国家庭教育嬗变状貌中了解传统家庭教育精华与西方教育精神交融的时代特征,为当下家庭教育提供可资借鉴的思想和案例,具有深刻的理论探索与实践价值。为此,我们推出了这套"名人家庭教育丛书"。

本丛书分六册,在写作上注重三点:第一,全部内容皆从此阶段本领域名人名家的真实案例出发,立足家庭教育视角展开。第二,既保持内容的相互连贯性、体例的统一性,又注重各个分册的独立性、独到性。第三,各分册由若干篇组成,每篇之下又有若干章,每章都包含几个层次:辉煌业绩与成就、成长历程及家庭背景以及家庭教育思想和实践经验等,以期给当下家长提供切实可行的家庭教育思想指导和行动点拨。

《中国近现代名人家庭教育启示录·教育家卷》,由上海财经大学教师、复旦大学博士汪堂峰撰写。全书以"自序:别人家的孩子 自己家的孩子"为开端,而后分三篇展开。第一篇"筚路蓝缕 以启山林",从"马相伯:中西结合成就'日月光华'人生""蔡元培:宋儒崇拜之谜"两部分沉稳展开。第二篇"玉汝于成 功不唐捐",包括"张伯苓:功名蹭蹬老风尘 读书有子不嫌贫""马君武:老农勤稼穑 向晚尚冬耕"两部分,写得深情款款。第三篇"布衣情愫 星河长明",则分别从"陶行知:生活即教育家庭即学校"和"章绳以:娜拉出走该这么办"落笔,既娓娓道来,又深邃绵邈。

《中国近现代名人家庭教育启示录.国学家卷》,由上海开放大学浦东分校张佳昊老师和上海开放大学人文学院杨敏教授联合撰写。本书以社会学视角下家庭教育的三个维度——时代维度、社会维度和人生维度为逻辑框架,紧密结合近现代的时代巨变、社会现状及大时代下纷繁多变的众生实景,通过选取一系列国学名家的人生实况,挖掘他们成功人生背后的家庭教育经验与思想。第一篇"时代机遇:西学东渐与使命创新",重在从"陈寅恪:海纳百川,有容乃大""陈垣:壁立千仞,勤学如斯""顾颉刚:融会贯通,治学有方""汤用彤:追踪时代,薪火相传"及"吴宓:精通西学,布道国学"五个案例着手,立足时代维度,清晰呈现近代西学东渐之后家庭教育面临的时代背景,国学家们所承担的、适应时代要求的家庭教育新使命,以及他们在家庭教育中具备的创新力、变革力与洞察力。正因如此,他们才能在面向复杂而充满不确定性的未来培养后代的时候,拥有清晰的理解和判断,明确的意识和能力。第二篇"社会场域:现实碰撞与行动引领",包括"赵元任:文理兼修,全人教育""黄侃:虔诚问学,家学之道""金克木:博学笃志,切问近思""梁启超:成在将来,不在当下"以及"章太炎:教书育人,太独必群"五个部分,是立足社会维度,呈现在近现代社会,国学家们作为子女融入社会的首席指导师,自身所具备的全面、客观、理性、科学的社会素养,以及他们在子女走向社会过程中的强力引导,包括清晰的意识、积极的情感和良好的策略。第三篇"人生长河:山山而川与迢迢其泽",则是从"刘文典:魏晋风骨,师者异类""吕思勉:寓教于乐,发展天性""钱穆:家学渊源,创新传承""王国维:有我之境,无我之境"和"王力:事业家庭,兼爱兼成"五个案例着眼,立足人生维度,梳理阐述国学家们是如何把家庭当作子女人生旅行的起点和人生教育的第一课堂,为子女拥有完满人生做准备的。他们既要为子女独立人格和品格打基础,也为子女的人生发展作指引,让子女有能力走好人生路。

《中国近现代名人家庭教育启示录.文学家卷》,由国家开放大学人文教学部副部长胡正伟副教授撰写。本书分四篇呈现近现代中国著名文学家的家庭教育方略。第一篇"谁痛苦,谁改变",包括"鲁迅:记得当时年纪小""许地山:苦中作乐""王统照:外圆内方"和"梁实秋:人生如寄,多忧何为",立足于德国心理学家海灵格"谁痛苦,谁就会改变"的教育思想,以四位文学家为案例阐述这样的家庭教育领悟:只有当一个人真正感到痛苦,不再愿意继续以当前的方式生活时,他才会寻求改变。第二篇"教育就像种子",由"叶圣陶:希望他们胜似我""张恨水:甜蜜的负担""沈雁冰:与时代同行"以及"朱自清:宁廉洁正直以自清,佩弦以自急"组成,以联合国第七任秘书长、2001年诺贝尔和平奖获得者科菲·安南的"教育就像种子,耐心培育才能开花结果"这一理念为视角,展现四位文学家家庭教育的全面性和综合性——通过培养知识、思维方式、技能以及个人品格和价值观,为儿女的发展播下一颗颗强大的种子。第三篇"每个人身上都有太阳",则涵盖"林语堂:拒绝焦虑""成仿吾:有所不为,有所为""沈从文:只用无私和有爱回答世界"与"艾芜:像一条河一样"四部分,从苏格拉底的"每个人身上都有太阳,主要是让它如何发光"这一思想高度,呈现四位文学家是何发掘和发展孩子的天赋和才能,让孩子相信自己的潜力,并致力于不断提升自己,以达到更高成就和更大影响力的。第四篇"人间至味是清欢",由"老舍:最美不过烟火气""俞平伯:不必客气""巴金:隐没进芸芸众生"及"赵树理:愿你决心做一个劳动者"组成,站在画家米勒"家庭是我们自己的小天地,我们在这里制定自己的生活法则,在这里播种幸福的种子,灌溉快乐的秧苗,并将它们散布到世界的大园圃中"这一情感维度,同时结合宋代文学家苏轼"人间有味是清欢"的诗意人生追求,展现四位文学家是如何让孩子领悟人生的价值和意义不仅在于物质的追求和外在的成就,更在于内心的富足和平和的。

《中国近现代名人家庭教育启示录.科学家卷》,由上海开放大学文学教育系主任、复旦大学文学博士洪彦龙撰写。本书以"自序:'做而不述'的科学人"为开端,分四篇呈现近现代中国著名科学家的家庭教育之道。第一篇"数归其道",包括"陈建功:求学是为了我的国家,并非为我自己""熊庆来:救国育才的数学界'伯乐'""苏步青:为学应须毕生力,为民为党献余生"和"华罗庚:我们最好把自己的生命看作前人生命的延续",重点呈现四位科学家家庭教育中的道德教育与品格养成。第二篇"物穷其理",则通过"吴有训:与诺奖擦肩而过,为祖国奉献一生""严济慈:科'济'之光,'慈'训无双""童第周:中国人不比外国人笨""萨本栋:途遥路远研物理,厦府倾心苦坚持""杨振宁:横跨中西,今古传承"与"李政道:细推物理须行乐,何用浮名绊此身"六位科学家的个人成长和家庭教育实录,重点呈现他们对子女探索精神、科学之道以及研究能力的培养。第三篇"地藏其宝",涵盖"章鸿钊:藏山事业书千卷,望古情怀洒一卮""李四光:无愧大地光,油海千顷浪""竺可桢:收回中国天气预报'主权'""孙健初:风雨前行的阵阵驼铃"及"梁思成:宽严相济、博精结合"五位科学家的人生轨迹,重点呈现他们在科学领域、家庭教育中宁静致远、海纳百川的精神境界,与万化冥合的心灵领悟。第四篇"工善其事",则分别通过"侯德榜:只要努力,泥土里也能长出惊世的花""王淦昌:科学没有国界,但科学家有祖国""束星北:但愿中华民族振,敢辞羸病卧黄昏""钱学森:立星辰大海之志,创两弹一星之功"及"钱三强、何泽慧:科学伉俪的世纪之爱"的书写,重点呈他们的科学研究之道、家庭教育之道和子女培养之道。

《中国近现代名人家庭教育启示录.艺术家卷》,由中国福利会吕沁融副编审撰写。全书以"自序:艺术的力量"发端,以"结语:家庭与艺术,是追求真善美的道路"收尾,其间分三个篇章展现近现代中国著名艺术家的家庭教育之光。第一篇"新潮与旧地",从"旧地上的'家'""逐渐兴起的人文精神"和"自由生长的民间艺人"三个层面铺叙,侧重描述在中西文化交融下的艺术家们基于家庭的成长之路,通过一个个鲜活的从家庭出发走向广大世界的追梦故事,以历史视角勾画出一个大时代的艺术人文图景,从而展现出新思潮与旧土地激荡的背景下家庭教育对艺术家的影响与成就。涉及的艺术家有黎锦晖、查阜西、梅兰芳、尚小云、荀慧生、程砚秋、骆玉笙和华彦钧。第二篇"自我与家国",则从"重塑美学教育""彰显民族本色"及"打通中西壁垒"三个部分着笔,重点阐释艺术家的"家国情怀",揭示艺术家面对动荡年代的社会责任与家庭责任,在追求个人成就的同时,是如何取舍、如何抉择,如何披星戴月、承前启后而建立起影响近现代中国艺术发展丰碑的,凸显家庭教育是社会责任培养的第一站这一真谛,涉及的艺术家有李叔同、丰子恺、杨荫浏、黄自、戴爱莲、张充和、周小燕和管平湖。第三篇"艺术与无华",则分别以"血脉相连""启智开蒙"和"生命华章"为主题,重点揭示艺术家们在辉煌成就的背后,对人间冷暖的体悟和对真善美的追求,启发当代家庭教育如何汲取这一份能量,继续将平凡的人生谱写成新的华章。涉及的艺术家包括傅聪、贝聿铭、启功、萧友梅、林风眠、木心、朱光潜及贺绿汀。

《中国近现代名人家庭教育启示录.法学家卷》,由上海开放大学人文学院院长、张志京副教授和上海开放大学普陀分校王仁彧教授联合撰写。本书选取近现代中国12位著名法学家的成长历程和家庭教育状况为案例,分三个部分逐一展示他们带领子女奔向理想人生过程中的成就与经验。第一篇"教子行为先,身教胜言传",重点表达四位驰名中外的法学家在以身作则、身体力行方面给子女带来的重要影响,包括"梅汝璈:春风化雨,润物无声""彭真：温恭朝夕，念兹在兹""王世杰：拳拳之情，眷眷为怀"及"宋教仁：白眼观天下，丹心报国家"四个案例。第二篇"父母之爱子，为之计深远"，则重点展开另外四位法学大家在教育子女过程中的高瞻远瞩、坚实铺垫给儿女带来的底蕴与机遇，包括"钱端升：人无信不立，事无信不成""沈钧儒：立志须存千载想，闲谈无过五分钟""吴经熊：猗猗季月，穆穆和春"及"谢觉哉：常求有利别人，不求有利自己"。第三篇"箕引裘随，自有后人"从世家发展与父子接力的角度展现了四位法学家在家庭教育方面的成功与效应，包括"王宠惠：守得安静，才有精进""董必武：所虑时光疾，常怀紧迫情""周鲠生：谁言寸草心，报得三春晖"及"曾炳钧：栉风沐雨，玉汝于成"。

处于历史与现实、传统与现代、本土性与世界性冲突与融合过程中的近现代名人大家，他们在家庭教育转型与更新中呈现的中西兼容的文化气质、家国一体的立世情操、薪火相传的生命精神，留下了许多家庭教育的成功范例，形成了精进笃行的优良家风，培养出大量紧缺人才。时至今日，他们虽然身影已远，但光影仍在，他们如同散落在广阔大地的蒲公英种子，在世界的不同角落开花结果，各自奉献独特的事业成就，安享平和温馨的日常生活，根深叶茂，生生不息。

"名人家庭教育丛书"编委会主任　王伯军

自序

家庭教育作为教育的源头,是人生最为初始阶段的教育,具有先入为主的定式作用,不仅为个体终身发展打上烙印和底色,而且影响到国家与民族的发展,是公民培养的重要基础。

本书重点介绍了梅汝璈、彭真、王世杰、宋教仁、钱端升、沈钧儒、吴经熊、谢觉哉、王宠惠、董必武、周鲠生、曾炳钧12位法学大家的家庭教育,展现出中国近现代政法领军人物家庭教育的独特风采。

这一时期,正当风起云涌、国运艰难之际,家庭教育"蒙以养正"的主旨发挥出积极的作用。"正",是一种高尚的价值取向、昂扬的精神追求。无论是国际法庭上的唇枪舌剑、指控战犯还是孤身押运军机辗转太平洋、印度洋回国抗战,抑或呕心沥血为国家现代法制建章立制……"天下兴亡,匹夫有责"的精神世界,让法学家们一生都心系苍生,忠诚报国,铁肩担道义,始终追求公平与正义。

家庭教育"人格教育优先",重视孝、诚、勤等品质,让法学家们散发着巨大的人格魅力。"天行健,君子以自强不息",酷爱读书,勤奋自律,终身学习不缀,几乎是每位法学家的写照。正因如此,他们才从少年苦读、自我砥砺,直至硕学丰功、博学笃行,卓然成为一代大家。

"言传身教，重在躬行"是家庭教育的重要方法。法学家们在生活中以自己碧血丹心的爱国情怀，学贯中西的国际视野，淡泊宁静、安贫乐道的举止言行，潜移默化地影响着子女。从为子女起名字寄托期望，到指导学习与工作，再到倾心交谈人生感悟……严慈相济、有原则有边界的爱，教育出了薪火相续的下一代。

　　回望这一时期著名法学家的家庭教育实践，让我们深切感受到，重视家庭教育是中华民族的优良传统，众多载入史册的志士仁人、杰出人才无不在优秀家庭文化的熏陶中长成，他们又以自身的家国情怀、民主平等的时代精神以及卓越的才干担当教育影响子女，推动社会的变革与发展。这一双向奔赴，见证了历经岁月长河而经久不衰的中华民族精神，直至今天仍给我们众多的智慧启迪！

　　本书由张志京和王仁彧共同完成。其中，自序及第三篇第一章、第二章、第四章由张志京撰写；第一篇、第二篇、第三篇第三章由王仁彧撰写。

张志京　王仁彧

目录

总序 — 001

自序 — 001

第一篇
教子行为先,身教胜言传

第一章　梅汝璈　春风化雨,润物无声 — 003

　　　　中国第一大法官 — 003

　　　　少年苦读与求学斯坦福 — 005

　　　　待到东篱黄昏后,有暗香盈袖 — 008

第二章　彭真　温恭朝夕,念兹在兹 — 012

　　　　辉煌平生 — 012

　　　　从贫寒家庭走出的大家 — 012

　　　　和风细雨,润物无声 — 018

第三章　王世杰　拳拳之情,眷眷为怀 — 020

　　　　知行合一的法学家 — 020

　　　　　居安不苟一笑，临危不辞三命 —— 022

　　　　　我以我行，引导后人 —— 026

第四章　宋教仁　白眼观天下，丹心报国家 —— 030

　　　　　中国宪政之父 —— 030

　　　　　教育为立国根本，振兴之道不可缓 —— 031

　　　　　仁人志士，总有好儿女来善后 —— 034

第二篇
父母之爱子，为之计深远

第一章　钱端升　人无信不立，事无信不成 —— 039

　　　　　从杏林世家到哈佛学子 —— 039

　　　　　铁肩担道义，辣手著文章 —— 041

　　　　　重教读书，家风世传 —— 044

第二章　沈钧儒　立志须存千载想，闲谈无过五分钟 —— 050

　　　　　固若南山，此志不移 —— 050

　　　　　德行兼备，心系国安 —— 051

　　　　　爱是一切的基础 —— 054

第三章　吴经熊　狺狺季月，穆穆和春 —— 058

　　　　　天纵英姿，履历辉煌 —— 058

满堂花醉三千客,一剑霜寒四十州	060
勿追逐于浮名,勿孜孜于末利	065

第四章 谢觉哉　常求有利别人,不求有利自己 — 071

未曾沙场驰骋,却有笔下成绩 — 071

孜孜以求革命路 — 072

淡泊明志,宁静致远 — 075

第三篇

箕引裘随,自有后人

第一章 王宠惠　守得安静,才有精进 — 085

横刀立马,第一法学家驰骋国际疆场 — 085

硕学丰功,法科外交官"可抵十万雄兵" — 088

兼容并蓄,博学笃行 — 091

第二章 董必武　所虑时光疾,常怀紧迫情 — 094

心系苍生为救世,不甘落后赴征程 — 094

宝剑锋从磨砺出,梅花香自苦寒来 — 097

父爱如山,舐犊情深 — 099

第三章 周鲠生　谁言寸草心,报得三春晖 — 102

中国近代国际法之父 — 102

　　　　日进不已，苦难孤儿留学海外卓然成为一代大家 — 103

　　　　路漫漫其修远兮，吾将上下而求索 — 107

　第四章　曾炳钧　栉风沐雨，玉汝于成 — 111

　　　　江山出人才，独自领风骚 — 111

　　　　自我砥砺，不用扬鞭自奋蹄 — 112

　　　　衣钵相传自端的，老生无用与安心 — 116

后记 — 119

第一篇

教子行为先,身教胜言传

"待到东篱黄昏后,有暗香盈袖。"
——李清照《醉花阴·薄雾浓云愁永昼》

淡淡的黄菊清香溢满双袖。菊花,乃是花之隐逸者。

人格教育是一种高尚的无声力量。

从少年苦读、自我砥砺,直至博学笃行,一代大家丹心报国,驰骋国际法庭或国内政坛,赤诚不改,这几乎是每位法学家的写照。而他们却又是这样平淡如菊,将硕学丰功融入到待人、接物、处事的和风细雨之中。

这是家庭教育中"言传身教,重在躬行"的魅力。

第一章

梅汝璈 ▶ 春风化雨，润物无声

中国第一大法官

梅汝璈（1904—1973），字亚轩，江西南昌人，律师、法学家。在1946年举世闻名的东京审判中，梅汝璈代表中国出任远东国际军事法庭法官，对第一批28名日本甲级战犯的定罪量刑发挥了重要作用。

1904年11月7日，梅汝璈出生在南昌青云谱朱姑桥梅村。他学习刻苦认真，20岁清华学校（清华留学预备班，即清华大学前身）毕业后成功考取斯坦福大学，成为公费赴美留学项目成员，毕业后又考入芝加哥大学法学院，24岁获得法学博士学位，1929年学成归国。先后在多所大学任教，也曾任行政院院长宋子文、外交部部长王世杰的助手。作为知名法学家，梅汝璈的名声不仅在于他对法学专业的深厚造诣，而且还体现在他代表中国政府参加了远东国际军事法庭的审判工作。对第二次世界大战中日本对亚太地区引发大规模战争和伤害的审判是远东国际军事法庭当时的重要任务，梅汝璈出任中国代表法官，对日本战犯的定罪量刑起到了重要作用。中华人民共和国成立后，梅汝璈历任第一届全国人大常委会法案委员会委员、全国政协委员。1973年4月23日在北京逝世，享年69岁。2019年9月25日，梅汝璈获"最美奋斗者"个人称号。

梅汝璈的学术成就非常显赫，主要有：《现代法学》（上海新月书店1932年版）以及《最近法律学》《法律哲学概论》，用英语撰写的著作《中国人民走向宪治》《中国战时立法》等。论文主要有：《训政与约法》（1930）、《盎格罗·萨克逊法制之研究》（1931）、《陪审制》（1931）、《中国旧制下之法治》（1932）、《中国与法治》（1932）、《现代法学的趋势》（1932）、《对于刑法修正案初稿之意见》（1933）、《宪法初稿中"宪法保障"篇之批评》（1933）、《英国民事诉讼之新秩序》（1933）、《拿破仑法典及其影响》（1933）、《刑法修正案初稿》（1934）、《刑法修正案中八大要点评述》（1935）、《宪法的施行问题》（1935）等。

此外，东京审判结束时梅汝璈发表了《告日本人民书》（《朝日新闻》，1948.12.2），1962年为揭露日本右翼势力复活军国主义阴谋撰写了《关于谷寿夫、松井石根和南京大屠杀》（《文史资料选辑》第22辑，中华书局1962年版）。他还撰写了《制定侵略定义的历史问题》《世界人民坚决反对美国对日本的和约》《战争罪行的新概念》等论著。他的遗著《远东国际军事法庭》一书由其子梅小璈整理后于1988年在法律出版社出版。

我国资深外交官、国际法学家厉声教是这样高度评价梅汝璈的:"梅汝璈先生晚年,虽然境遇诸多坎坷,但仍能抛却个人荣辱,不悲观,不怨怼,一心要为国家、为民族保存近代中国的珍贵史料,为后人不忘前事,不再重蹈被侵略、被侮辱的覆辙,留下了宝贵的遗产。梅先生就像陆游意象中的梅花,中华民族无数文人骚客顶礼膜拜的梅花,即便粉身碎骨化作了滋养新芽的尘土,那凌寒的傲骨,那经霜的芬芳,终将永垂不朽。"

《环球人物》撰文评价称,梅汝璈名字出现的频率和受关注的程度,基本上是中日关系的晴雨表。中日关系紧张时,他便被人翻出来说;中日关系缓和时,他便成为不合时宜之人被淡化。但梅汝璈曾这样评价自己:"我不是复仇主义者,我无意于把日本军国主义欠下我们的血债写在日本人民的账上。但是我相信,忘记过去的苦难可能招致未来的灾祸。"

少年苦读与求学斯坦福

梅汝璈生长在一个家风严谨的家庭环境中。他的父亲梅晓春家教极严,要求他每天必须早早起床,到外面拾猪粪和牛粪当农田肥料。而每天出门前,他总要带本英语书,一边拾粪一边苦读,常常到了忘我的境界。梅汝璈自幼聪颖好学,12岁从江西省立模范小学毕业后,以优异成绩考取清华学校。在学习期间,梅汝璈在《清华周刊》发表了多篇文章。《清华学生之新觉悟》(第286期)、《辟妄说》(第295期)和《学生政治之危机及吾人今后应取之态度》(第308期)等都充分表现了年轻时代的梅汝璈所拥有的忧国忧民之心。

在赴美留学期间,梅汝璈先后获得了斯坦福大学学士学位和芝加哥大学博士学位。在攻读法学博士阶段,为响应国内的北伐革命行动,梅汝璈曾与冀朝鼎等同学组织了中山主义研究会。博士毕业后他又考察了欧洲多国,于1929年春回到中国。回国后他的法律生涯有两条主线:一是在大学讲授法学课程,传播法律思维;二是担任法律界政务,用法律实践来维护国家和社会尊严。一回到国内,梅汝璈就来到山西大学担任法学院教授,这也是受同学冀朝鼎的父亲、时任山西省教育厅厅长的民国时期著名法学家、山西大学法学院创始人冀贡泉的邀请。任教期间,梅汝璈既强调"法治"的重要性,还常以清华人"耻不如人"的精神勉励和告诫学生,"清华大学和山西大学的建立都与外国人利用中国的'庚子赔款'有关,其用意是培养崇外的人。今天的学生必须做到要'明耻',耻中国的科技文化不如西方国家,耻我们的大学现在还不如西方的大学,我们要奋发图强以雪耻"。然而,当年山西土皇帝阎锡山的"闭关锁省"思想严重,1933年,梅汝璈转聘到张伯苓担任校长的南开大学任教。1937年抗日战争全面爆发后,南开迁往昆明与北大、清华合并成立"西南联大"。梅汝璈途经重庆时,受时任教育部次长、在中央政治学校兼职的清华校友顾毓琇的诚邀,被聘任为中央政治学校法律系教授。1945年抗日战争胜利后,梅汝璈担任复旦大学法律系教授,兼任武汉大学法学院教授。梅汝璈主要讲授英美法、政治学、民法概论、刑法概论、国际私法等课程。同时,他还担任过当时内政部参事兼行政诉愿委员会委员、立法院委员及立法院涉外立法委员会主任委员和外交委员会代理委员长、国防最高委员会专门委员、中山文化教育馆编译部主任及《时事类编》半月刊主编等职。

从1946年5月起的两年半时间里,作为知名法学家,梅汝璈被委派为远东国际军事法庭中国法官,参与举世闻名的对第一批28名日本甲级战犯的东京审判。作为东京审判的法官,梅汝璈享受着丰厚的待遇,但他通过报纸常常看到国内"内战"的坏消息,因此,他对国民党政府的表现非常失望。即使1948年12月国民党政府发布公告任命梅汝璈为行政院委员兼司法部长,尚在日本的他还是公开声明拒绝回国赴任。直到1949年6月,当看到南京、上海相继解放,梅汝璈设法由东京抵达香港,与清华校友、中共驻港代表乔冠华取得了联系秘密赴京。到达北京的第三天,梅汝璈便应邀出席了中国人民外交学会成立大会,周恩来在会上对他给予了高度评价:"今天参加这个会的,还有刚从香港回来的梅汝璈先生,他为人民办了件大好事,为国家争了光,全国人民都应该感谢他。"

1950年,梅汝璈担任中华人民共和国外交部顾问。1954年当选全国人大法案委员会委员,任第三、四届中国人民政治协商会议全国委员会委员、中国人民外交学会常务理事、中国政法学会理事等职,有力助推了中国外交事业的发展和法制建设。

在1957年的"反右"和从1966年开始的"文革"等政治运动中,"造反派"在抄家时搜出他曾在东京审判时穿过的法袍,以为抓住了梅汝璈有"反动历史问题"的确凿证据,试图将其烧毁,但梅汝璈通过巧妙应对和周旋保存下了那件历史珍品。1973年4月23日,梅汝璈在北京去世。1976年底,他的家人遵照他的遗嘱将一尺多厚的东京审判判决书中文原稿和他在东京大审判时穿过的法袍无偿捐献给中国革命博物馆收藏,希望能作为历史的见证警示后人永远不要忘记过去的那段岁月。

待到东篱黄昏后,有暗香盈袖

梅汝璈与妻子萧侃晚婚晚育,直到梅汝璈48岁时才有了儿子梅小璈,中间犹如隔了两代人。梅汝璈去世那年,梅小璈才21岁。梅小璈眼中的父亲并不洋派,日常生活也很普通。梅小璈的记忆中,只听见父亲在家里说过一次英文,那是父亲和作为国际法专家的朋友陈体强在用英文交流。尽管家里有读书的氛围,但是,梅汝璈不怎么管儿子,在具体的学习上梅汝璈更是从不过问。

1985年为了回顾东京审判中的中国大法官梅汝璈的事迹,新华社一名记者去梅家做了采访。正是那个机缘让梅小璈重新认识了自己的父亲梅汝璈。在整理资料时,家人发现了一捆被旧报纸包裹得整整齐齐的东西,打开一看竟是一沓400格文稿纸,厚度有十几厘米。写得整整齐齐的,正是梅汝璈的笔迹。稿纸上的内容,就是《远东国际军事法庭》著作的前四章。里面还有几本日记,是梅汝璈被委派为远东军事法庭中国法官后,从上海到东京参与工作的日常记录。从这些日记中,梅小璈发现了一个自己未曾了解过的父亲。

在梅小璈的印象里,父母的日常生活很平淡,也看不出来特别恩爱。而在日记中,梅汝璈提到爱人萧侃,笔调是非常炙热的。1946年4月15日是梅汝璈和萧侃的结婚一周年,他在日记中写道:"今天是我和婉如结婚一周年纪念日。我现在连她在什么地方都不知道;或许她已经离开了重庆,正在赴沪途中;或许她仍在重庆;或许她到了上海。中国交通这样困难,使我对她产生了无限怀念,对去年今日的情景发生不断的回忆。我默祝她健康,我默祝她在扬子江上旅程清吉!"

日记里的梅汝璈十分洋派,和梅小璈记忆中带着南昌口音的普通人不一样。他和国际友人谈笑风生,吃西餐,说英语,也时不时回忆起自己在20世纪20年代的美国留学时光。

1946年4月20日,梅汝璈为纪念到达日本一个月,他写道:"自民国廿八年四月起,我从不吃冷水、冰茶,饭前不吃甜东西的这些禁忌都打破了。每天冷水、冰激凌随时随地都吃,而且饮食方面总是甜咸交错,冷热并陈,毫不顾忌,似乎完全恢复了我自二十岁至二十五岁在国外时满不在乎的精神。"

梅小璈发现,父亲是个很有意思的人。"他日记写得很详细,有的地方甚至带有文学色彩。"梅汝璈曾在日记中写道:"但是,说也奇怪,一夜转来,不但雨停了,而且四周的水也都退光了。推窗一看,碧蓝天色日东升,大有仲春气象,和昨日隐雾重重的情景,大不相同。事虽出于偶然,它却使我内心中觉着十分愉快,格外兴奋。"这样的环境描写在他仅存的日记里也不在少数。环境的变化很容易对他的心情造成影响。梅小璈发现,日记中的父亲并不像他儿时记忆里那么散淡、无欲无求。"你会发现其实他脑子里在考虑很多事情,有很多想法。他的内心是汹涌澎湃的一种状态。"

梅汝璈之子梅小璈对父亲的评价是:"综观父亲行迹,与众多经历着社会巨变的知识分子一样,他始终处于时代和历史生成的矛盾中。在传统家国情怀和英美法治理念之间,在作为受害国代表的复仇意愿和法官必须不偏不倚的身份要求之间,这种精神困境,生活在相对平稳状态下的人们,未必能够体会。"

也许,这才是梅汝璈此生得到的最高荣誉,所产生的最大影响力——他以自身的努力、行事、为人和居家日常行动,从精神和风骨上成为儿子心中的困境英雄,并且在儿子那里得到了最深刻的理解,最温润的懂得。

待到东篱黄昏后,有暗香盈袖。

父子如此,此生足矣!家传如此,此生幸矣!

第二章

彭真 ▶ 温恭朝夕,念兹在兹

辉 煌 平 生

彭真(1902—1997),原名傅懋恭,山西省曲沃县侯马镇垤上村(今侯马市垤上村)人。从 20 岁(1922)考入位于太原市的山西省立第一中学开始,彭真就开启了寻求救国救民的道路。通过参加进步组织青年学会,他接受了马克思主义。21 岁加入中国社会主义青年团,同年加入中国共产党,成为山西省共产党组织的创建人之一。35 岁(1937)时改名彭真。曾任中央政治局委员、第六届全国人大常委会委员长。

从贫寒家庭走出的大家

由于家境贫寒,幼年时,彭真白天随父母下田劳动,夜晚全家人纺线织布,直到14岁他才开始读私塾。彭真在读书期间就参加了学生运动,接触到了马克思主义。16岁时,彭真考入曲沃县立第二高等小学,受五四运动影响,当年他就带领同学进行了反帝爱国宣传。20岁时,彭真考入山西省立第一中学,踏上了积极寻求救国救民的道路。21岁的那年5月,他加入了中国社会主义青年团,年底加入了中国共产党,是该县第一名中国共产党党员,也是山西省共产党组织创建人之一。当年,彭真主办了太原工人夜校。22岁时,他参与筹建了国民党山西省党部,开展国共合作,参加领导成立了太原和山西省的国民会议促成会。23岁时,彭真担任中国共产主义青年团太原地委书记、中共太原支部书记,指导成立山西工人联合会和太原总工会,发动工人和各界群众开展反对阎锡山的斗争,五卅惨案后发动山西各界声援上海工人、学生的反帝斗争。24岁时,彭真作为正太铁路总工会代表,出席了在天津召开的第三次全国铁路工人代表大会。先后组织领导了石家庄和天津的纱厂工人斗争。25岁时,彭真任中共天津市委宣传部长、代理书记、书记。26岁时,彭真担任中共顺直省委(当时领导北平、河北、山西、察哈尔、河南等省市党的工作)常委、代理书记、组织部长和中共天津地委第一部委、第二部委、第三部委书记,是中国共产党在北方地区主要领导人之一。27岁时,因叛徒出卖,彭真在天津被捕,在狱中他秘密组织党支部,任书记,组织学习、宣传马列主义,开展各种形式的斗争。33岁时,他成功出狱后,担任中共天津工作组负责人,组织领导天津各界群众开展抗日救亡运动。34岁时,任中共北方局驻冀东代表,后任北方局组织部长。西安事变发生后,彭真领导筹建中华民族解放先锋队,推动抗日民族统一战线的建立。35岁时,彭真参加了中共中央召开的白区工作会议和中央政治局会议。

抗日战争全面爆发后,彭真参与部署党在北方地区开展游击战争、创建抗日根据地的工作。36岁时,彭真担任中共中央北方局委员兼晋察冀分局书记,同聂荣臻一起开展抗日工作,他明确提出了"要使马克思主义中国化"。38岁时,彭真主持制定了《中共中央北方分局关于晋察冀边区目前施政纲领》,要在根据地改造旧社会,建立新民主主义社会,晋察冀边区也被党中央誉为"敌后模范的抗日根据地及统一战线的模范区"。39岁那年,彭真在延安向中央政治局和毛泽东同志汇报晋察冀边区工作经验时,受到了毛泽东同志的高度评价。此后,彭真就留在中央工作,先后任中央党校教育长、副校长,中共中央组织部部长、城市工作部部长,参加领导了延安整风运动。42岁那年,彭真参加党的六届七中全会扩大会议,参与起草了《关于若干历史问题的决议》和《关于修改党的章程的报告》。在延安,他为总结党的历史经验,把全党思想统一到以毛泽东同志为代表的正确路线上来,在全党确立毛泽东思想的领导地位,为培养党的领导骨干,为开展敌占区、国统区党的地下工作,做出了重大贡献。1945年,在中国共产党第七次全国代表大会和七届一中全会上,彭真当选为中央委员和中央政治局委员,同年8月被增补为中央书记处候补书记。

抗日战争胜利后,为实现党的七大做出的争取东北的战略决策,彭真任中共中央东北局书记、东北民主联军第一政治委员,他放手发动群众,壮大人民力量,迅速扩大部队,建立根据地,为最后取得胜利奠定了基础。1948年,彭真担任中共中央华北局常委、兼任中共中央组织部部长、政策研究室主任,同年12月任中共北平市委书记。1949年9月,彭真当选为中国人民政治协商会议全国委员会委员、中央人民政府委员。

中华人民共和国成立后,彭真同志长期担任党和国家的领导职务。国家建立之初任中央人民政府委员、政务院政治法律委员会副主任、党组书记,后任中央政法小组组长。从1954年起,任第一届、第二届、第三届、第四届全国政协副主席。同时,他还于1951年兼任北京市市长,1955年当选北京市委第一书记,之后连选连任,一直到1966年5月。1956年在党的"八大"和八届一中全会上,当选为中央委员、中央政治局委员和中央书记处书记,协助邓小平同志总负责。

建国后的十七年间,他作为以毛泽东为首的党和国家领导集体的成员,为党的建设、政权建设、经济建设、政治工作、路线工作、民族工作、思想理论工作、科学教育、文化工作、外事工作,为首都的建设和发展做出了重大贡献。

在和平接管北平的过程中,他善于把原则性和灵活性相结合,坚定依靠工人阶级和劳动人民,团结民主党派、无党派人士、知识分子和其他一切可以团结的力量,使这座历史古都在很短的时间就建立起了新秩序。随着生产资料所有制的社会主义改造完成,北京的经济建设持续突飞猛进,很快由消费城市变成了生产城市。1956年,彭真提出了"城市规划要从长远考虑,要看到社会主义远景,要给后人留下发展的余地"的指导方针。1958年他领导了新北京十大建筑的建设和天安门广场的规划。在北京作为中华人民共和国首都的建设过程中,尤其是朝着社会主义现代化城市建设征途上,彭真精心谋划,做出了卓越贡献。

1966年后,彭真遭受林彪、江青一伙的残酷迫害。即使在这种情况下,他仍然坚持学习马列主义、毛泽东思想,总结历史经验,关心、思考党和国家的前途命运。十一届三中全会后,中共中央宣布,把强加给彭真的种种罪名和一切污蔑不实之词,给予平反昭雪。

1979年2月,彭真被任命为全国人大常委会法制委员会主任,在6月召开的五届全国人大二次会议上被补选为全国人大常委会副委员长,在9月召开的党的十一届四中全会上被增补为中央委员、当选中央政治局委员,之后连任党的第十二届中央委员、中央政治局委员。1980年任中央政法委员会书记。在1983年6月召开的第六届全国人大第一次会议上,彭真当选全国人大常委会委员长。彭真长期主持全国人大常委会的工作,对建立和完善人民代表大会制度倾注了大量心血。

彭真为中华人民共和国社会主义民主与法制建设做出了巨大贡献。1954年,他参加了中华人民共和国第一部宪法的制定工作,并在第一届全国人大一次会议上对新宪法确定的法律的基本法制原则作了深刻的诠释。党的十一届三中全会以后,他仍继续忘我工作,三个月就主持制定了中国第一部刑法、刑事诉讼法等七部重要法律。1980年他担任宪法修改委员会副主任委员,直接主持了宪法修改工作。他领导制定了一系列关于国家机构、民事、刑事、诉讼程序、经济、涉外等重要方面的法律,为中国的社会主义法制建设奠定了坚实基础,提出了许多重要思想。

彭真有力推动了中华人民共和国政法战线工作的开展。他创造性地贯彻党中央关于政法工作的方针、政策,为建立和健全政治战线的机构、制度和队伍,为维护国家安全和社会稳定,保障社会主义建设做出了重大贡献。1980年,他任"两案"审判指导委员会主任,统一领导审判林彪、江青两个反革命集团的工作,他坚持以法律为准绳,以事实为依据,严格依法办事,从而保证了"两案"审判的巨大成功。他总结政法工作的历史经验,对新时期政法工作的方针、政策和队伍建设作出了全面论述,提出了新时期政法工作的根本任务。指出要紧紧依靠党的领导,紧紧依靠群众,大力提高政法队伍的政治素质和业务素质。

彭真参加了多项外事活动,在处理党与党、国家与国家之间关系时,他坚持了我们党和国家的基本原则。即坚决维护中国共产党独立自主的原则立场,坚持维护国家和民族的尊严和利益,努力增进中国人民和世界人民的友谊,积极推动世界和平和人类进步事业发展,他为此做出了杰出贡献。

和风细雨,润物无声

1938年,26岁的彭真担任晋察冀分局书记,积极推进晋察冀边区民主选举进程,既为党的政权建设积累了经验,也在此期间结识了革命同志张洁清,在贺龙与聂荣臻等人的促成下,二人结为百年之好。彭真有五个孩子,两个女儿和三个儿子。大女儿名叫傅彦,后来成长为成功的企业管理者,担任过中国欧美出口公司总经理。小女儿是彭真的养女,名叫刘朝兰,成长为一名作家。彭真的长子名叫傅锐,担任过核工业公司的副总经理;次子名叫傅洋,是一名律师;三子名叫傅亮,也是一名非常成功的商界精英。彭真的五个儿女都是各自领域的优秀人才,让人不得不敬佩彭真对子女的严格教育。

彭真始终没有忘记自己是一个农民的儿子,他身体力行,深入农村、工厂,听取群众意见,进行调查研究。彭真的子女说,正是父母注重从小培养他们尊重劳动、尊重人民群众的意识,使得他们经受住了艰苦生活的考验。女儿傅彦回忆说:"我们从来没有觉得跟别人有什么不一样。父亲也是,周末带我们出去,要么就是看地里的麦子,要么就是看工厂的生产。

到了地里,往土地上一坐,就和基层干部群众聊天座谈。所以我们这些孩子,包括第三代,都觉得自己是个普通人,这是他给我们留下的最宝贵的东西。"

彭真教育孩子的方法很特殊,他不说教、不打骂,和风细雨、润物无声。他经常写些条幅分赠给几个孩子,或用以教导,或用以勉励,像"实事求是""坚持真理,随时修正错误""天将降大任于斯人也,必先苦其心志",都是他常写给孩子的。彭真身居要职,但他严于律己,公私分明,不搞特殊,不搞裙带,从不为自己和亲属谋取私利。对待子女亲属,更是率先垂范,严格要求。傅彦在一篇纪念父亲的文章中写道:"我最敬佩、最崇拜的就是您。特别是在更多地了解您、明白您之后,才由女儿对父亲的崇敬升华到一个晚辈对一个老共产党员的崇拜。""您永远是我精神的支柱,生活的楷模。"

第三章

王世杰 ▶ 拳拳之情，眷眷为怀

知行合一的法学家

王世杰（1891—1981），字雪艇，湖北崇阳人。民国时期著名政治家、教育家。先后获英国伦敦大学政治经济学学士、法国巴黎大学法学博士。曾任教于北京大学，与胡适等创办《现代评论》周刊。历任国民政府法制局局长、湖北省政府委员兼教育厅长、国立武汉大学校长、教育部长、外交部长等职。赴台湾后，曾任"总统府"秘书长、"中央研究院"院长等职。

王世杰所学领域涉及政治、教育、文化、艺术和法学等众多学科，从事的行政职务也非常广泛，先后担任民国时期的大学校长、教育部长、宣传部长、外交部长，台湾"总统府"秘书长和"中央研究院"院长等职。但他生前却留下了这样的遗嘱，"死后墓碑上只镌刻'前国立武汉大学校长王雪艇之墓'"。作为国立武汉大学首任校长,王世杰虽然在武汉大学任职仅4年时间,但他的毕生精力都与武汉大学紧密相连,难舍难分。尽管王世杰赴台后曾先后担任"总统府"秘书长、"行政院"政务委员、"中央研究院"院长、"中华文化复兴运动推行委员会"常委(兼任)、"总统府"资政、国民党第七至十二届中央评议委员等职,其在1981年4月21日临终前却立下遗嘱,将其一生所收藏的所有字画、撰写的书籍赠与武汉大学。

王世杰是著名的法学专家。26岁时,获得英国伦敦大学政治经济学学士,29岁时,获得法国巴黎大学法学博士。同年受聘北京大学(时任校长蔡元培)法学教授,后任法律系主任。王世杰以渊博的法学知识和独特的教学风格深得同事和学生欢迎。王世杰不仅是法学理论的传播者,还是法学实践的推动者。王世杰与李大钊等人组织发起民权大同盟,与周鲠生、王星拱、石瑛等人组建《现代评论》社,成为大力宣扬民主科学思想、针砭时弊、倡导新政的最有影响的时代刊物之一。36岁(1927)时,王世杰即被任命为国民政府首任立法委员、法制局长,兼任海口国际仲裁所裁判官。在此期间,王世杰邀集专家学者草拟、修订了包括时谓之"六法"的民法、刑法、民事诉讼法和物权、债编、亲属继承法等国民政府众多法规。

在国立武汉大学工作期间,虽然学校行政管理事务繁重,王世杰仍然坚持他对法学领域的深耕研究。先后发表了包括《法律与命令》(《国立武汉大学社会科学季刊》第1卷第2号,1930.6)、《职业代表主义与经济立法》(《国立武汉大学社会科学季刊》第 1 卷第 4 号，1930.10）等学术论文，出版了包括《比较宪法》（上海商务印书馆 1927 年初版，后多次增版）、《现代政治思潮》（萨孟武著，王世杰校，上海商务印书馆 1929 年版）、《刑法详解》（王守约、王宠惠、王世杰编，南京法制局 1931 年版）、《移民问题》（张梁任、王世杰著，上海商务印书馆 1933 年版）等多部著作。

为重视学术研究，王世杰大力推动学术期刊的创办。他认为学术期刊可以视作"一国文化的质量测验器"。1930 年 3 月，《国立武汉大学社会科学季刊》《国立武汉大学文史哲季刊》《国立武汉大学理科季刊》同时创刊，王世杰亲撰《创刊弁言》："同人之意，颇冀诸刊出版以后，不但本校同人能利用其篇幅以为相互讲学之资，即校外学者亦不惜以其学术文字，惠此诸刊，使成为全学术界之公共刊物。"武汉大学的系列学术期刊创刊较早，思想开明，在学界产生了积极影响。

居安不苟一笑，临危不辞三命

1928 年 7 月，国民政府大学院正式决定筹建国立武汉大学。1929 年 1 月 5 日，武汉大学隆重举行开学典礼，时为国民政府首届立法委员的王世杰代表教育部莅临祝贺。他在祝词中说，要办好武汉大学，使其能够真正履行传播知识、提高深邃学术的使命，必须要做到四点：经费独立、完成新校舍的建筑、教授治校和选择教授并提高其待遇。他认为,"武汉市处九省之中央,相当于美国的芝加哥大都市。武汉大学,不办则已,要办就当办一所有崇高理想,一流水准的大学。而且应当办一所有六个学院——文、法、理、工、农、医,规模宏大的大学。十年以后,学生数目可达万人"。

同年5月,王世杰正式出任武汉大学校长。上任之初他即表示,"留校一天,当努力尽自己的力量,决不敷衍于苟且,空占其位置"。在全校师生欢迎他的大会上,他提出创造新武大的5个条件,即:"巨大的校舍""良好的设备""经费独立""良好教授"和"严整纪律"。在上述5个条件中,王世杰把"巨大的校舍"作为首要条件。走马上任之后,他便积极奔走于珞珈山新校址的圈定和新校舍的建设中。新校址圈定了,由于地方政府不积极合作,加之一些"群众"的刁难,阻力重重。兴建新校舍要修路,必须动迁一些坟墓。当时民间笃信风水,坟主们联合起来向政府请愿,要求制止武大迁坟修路。负责武大迁坟的叶雅各教授曾留学美国,年轻气盛,认为这是迷信,率数十名工人一夜之间将有碍修路的坟全部挖掉。坟主"愤而上诉,事情闹到中央去了"。所幸王世杰上下求索,多方奔走,才逐渐将此事平息。孰料,兴建校舍时还要迁武昌豪绅们的坟冢。

豪绅们依人仗势向教育部、湖北省政府捏词呈诉,并寄发大批恐吓信给王世杰,更有甚者当面恐吓王世杰:"如果强迫迁坟,我们就不保证你王世杰的人身安全。王世杰如果挖我们的祖坟,我们也要去崇阳挖他的祖坟。"面对各方压力,王世杰以惊人的胆魄据理力争，一面不妥协、不退让，一面又多方沟通、求援，直至请行政院长谭延下训令令饬湖北省政府，才把这帮豪强坟主们掀起的反迁坟事端平息。尽管如此，王世杰依然被旧军阀石星川敲诈了5千元。迁坟风波平息，王世杰又为建校舍经费不足犯愁。他不得不亲赴上海找宋子文，宋子文竟以"一个钱没有"就把他打发了。王世杰只得再度进京求见行政院长谭延闿，最终，二分之一的经费难题得以解决。经过两年的努力，美轮美奂的武汉大学在风景如画的珞珈山旁、碧波荡漾的东湖边屹立了起来。

在聘用教授上，王世杰的原则是要有学术成就，而无门户之见。教授中，不同学派不同政见者，兼容并包，就连带有浓厚"左"倾色彩的陶因、范寿康等学者也得以聘用，允许他们讲授包括《资本论》在内的经济理论和历史唯物主义、辩证唯物主义。王世杰认为，"一家大学能否至臻于第一流，端赖其文学院是否第一流。有了第一流的人文社会科学诸系，校风自然活泼……有了好的文学院，理工学生也会发展对于人文的高度兴趣，可以扩大精神视野及胸襟"。唯此，包括闻一多、陈源、朱光潜、叶圣陶、钱歌川、吴其昌、苏雪林、凌叔华、袁昌英等在内，当年武大文学院人才盛极一时。

在教育学生方面，他注重"人格训练"，他认为，"人格的训练，至少应该与知识灌输占同等地位"；要求学生"好学、吃苦、守纪律"；"在课堂上、考试上，以及人品性格修养上，创造良好的学风"。他最喜欢给青年题的词是："择善固执。"

1933年，王世杰升任教育部长，武大校长由王星拱接任。他在离别讲话中说："无论现在或将来，无论兄弟在校或不在校，对于四五年来我们百余名教职员与数万名同学共同扶植与共同爱护的这个大学，必须继续努力。本校今后的一切发展，兄弟闻之固然要引以为愉快；本校今后如果遇到有任何艰难困苦，兄弟必不视为在校同人义当独任的艰难困苦，而是离校者与在校同人当共同背负的艰难困苦。"

1938年秋，日寇逼近武汉，武大已迁四川乐山，武汉笼罩在一片惶恐之中，国民党党政大员纷纷撤往陪都重庆。有一位要员于某天晚上悄悄来到珞珈山，独自"伫立珞珈山头，俯视着山下这片曾经为之呕心沥血、惨淡经营的巍巍校舍，想着它即将落入日本侵略军之手，不禁潸然泪下，久久不愿离开"。他就是国立武汉大学首任校长、珞珈山新校舍的奠基人王世杰。武大校史中对王世杰有中肯的评价："王世杰任国立武汉大学校长期间，致力于珞珈山新校舍的建设，制定了发展蓝图，四处筹集经费，严格遴选教授，要求师生有严明的纪律，养成良好的学风，支持师生的抗日爱国运动，注重发展科学研究，提出大学'总理纪念周'要增加学术演讲。"

王世杰非常善待大学生，认为他们是国家发展的坚强动力。九一八事变发生后，武大学生纷纷要求赴南京请愿，要求政府抗日。湖北省政府主席何成浚百般阻挠，并逮捕了一些学生。王世杰为此两次找何交涉，促使他释放了被捕的学生，并放行两三百学生乘船到南京。王世杰通过邀请在南京的罗家伦等人做工作,使武大的学生请愿团在南京游行和与蒋介石对话时,基本上体现了"克制精神"。同其他大学相比,颇有"秩序",也未参加焚毁《中央日报》的行动,因此受到蒋介石的特别关注,认为王世杰"办学有方"。这与他后来受到蒋介石的重用是不无关系的。

我以我行,引导后人

王世杰出生于商业大家。父亲王为翰,字步瀛,事农商,经商业屠,富甲乡里,有八子二女,王世杰在兄弟中行五。王世杰5岁入私塾,生赋异禀,敏而好学,深得业师周子熙(西)赞许。清室废除科举制度,兴办学堂,他刚10岁出头,便由家里用人带着步行到省城武汉考学。途经咸宁一商号,于门前休息,老板见他小小年纪就去应考,出于好奇出对子考他。老板出上联:"小孩子三元及第。"王世杰随口对答:"老大人四季发财。"众人见之,交口称赞。之后,王世杰以优异成绩考取湖北省南路高等小学堂。

由于在校成绩出类拔萃,王世杰得到两广学政梁鼎芬的激赏。当时两湖制台张之洞听闻他才华横溢,便召见了他,并问他的志向是什么。王世杰说:"富与贵,是人之所欲也,不以其道得之,不处也;穷与贱,是人之所恶也,不以其道得之,不去也。"张之洞十分欣赏,赐他为举人。王家老屋上有块横匾

"五经魁",署名"王世杰立"即由此而来。小学毕业后,王世杰入湖北优级师范理化专科学校。

对王世杰的孩子而言,印象最深刻的不只是父亲的博学多才、宦海沉浮及品格坚守,还有他们的父亲在家庭教育中十分注重中国传统文化。从很小的时候起,父亲就教他们背唐诗宋词,读书识字。得益于父亲的教导,他们这些刚上学的孩子就能自己读书写字,读书给班上其他同学听。

王世杰夫妇一生育有两个儿子和两个女儿,分别是王纪五、王德迈、王雪华、王秋华。在王世杰的言传身教下,孩子们都健康成长,很有建树。长子王纪五,曾担任台湾"行政院"科学委员会副主任。次子王德迈曾担任台湾"税捐处"处长。女婿艾世勋曾担任美国哥伦比亚大学麻醉学系主任、教授。长女王雪华、次女王秋华、长媳张忠琳、次媳林美智也都饱读诗书,开朗通达。

王世杰长期在外求学、工作,一生只回过故乡两次,但仍不忘桑梓,眷眷为怀。特别是在他拥有了一定的社会地位之后,凡见到家乡有什么困难,只要在不违反原则和自己力所能及的情况下,总会想方设法予以帮助。子女们都知道父亲的这样几件事。

1925年,崇阳县自立夏后大旱无雨,持续三个月,大河断流,田地龟裂,庄稼枯焦,颗粒无收,出现了历史上罕见的大饥荒,饿死了不少人,惨不忍睹。身在北京的王世杰闻讯后,找拜把兄弟、时任湖北建设厅厅长的李介如借了一笔巨款,寄回家中,让父亲从江北买回两船大米,三船大豆,计有3万斤之数,在县里赈灾救民,使不少在死亡线上挣扎的饥饿贫民得以缓生。

1934年,家乡又遇大旱,王世杰东借西挪,买了一批大米,让其父在花凉亭和白霓桥两处开设施粥点,凭票供应。据当时设计、印刷粥票的王文藻回忆,票上盖着"王寿春"字号的图章,由村人孙香谷发放。此义举深得故乡人民好评。

1937年抗日战争全面爆发,崇阳面临战祸,又逢疟疾横行,天灾人祸夺去不少人命。王世杰将平时所得的版税和积蓄,在南京通过私人关系购了一大箱奎宁丸,派人送回崇阳,请他堂弟王怀谨发给乡邻患者。并嘱托:凡王姓患者一律免收药费,其他患者只收成本费,作为王怀谨的报酬。并再三叮嘱,"万万不能多收一分钱,藉以牟取暴利"。

崇阳沦陷后,日寇实行经济封锁,老百姓买不到盐。家境好一点的熬硝盐吃,从粪池周围地下挖出的地皮土和老陈砖土中提炼。此盐有毒,明知吃了会得病人们也得吃。也有的人用辣椒粉代替食盐,患病的人越来越多。王世杰于1940年通过各种渠道在重庆弄到20万斤盐,运回崇阳,交由当时崇阳县政府盐务局的甘楚臣,要求其平价发售。这时期农民有家不得归,颠沛流离。雪上加霜的是,当时驻扎在湘鄂赣边区的三十集团军司令王陵基趁火打劫,令崇阳县额外缴纳20万斤军粮。族人王镜远给王世杰写信求援。王世杰将此情况向九战区总司令、湖北省主席陈诚(王陵基的顶头上司)反映,最后由陈诚出面,免除了这20万斤额外军粮。

1945年抗战胜利,王世杰回到久违的家乡,见到的是满目疮痍,民不聊生。他回到南京后为民请愿,有关方面把崇阳1945年的公粮任务免了。

所有这些对故乡的深情,都绵延到了王世杰的后人身上。王世杰逝世后,其客居美国的侄儿王德芳遵叔父遗愿,于1985年寄回一笔款项,在故乡崇阳回头岭修建了一口饮水井,并在井边立一石碑,刻有"敦睦饮水井"五个大字。字简意深,既有饮水思源之意,又有热爱祖国、怀念家乡之情;亦表达了"祖国要统一,亲人要团聚"的炎黄子孙的共同意愿。王世杰侨居美国的女儿王雪华和旅居台湾的女儿王秋华,也根据其父的遗愿,为发展家乡文化事业,捐资400万元,于20世纪90年代初兴建了一座现代化公共图书馆。2014年因年久失修空调和计算机都已损坏。

在日常生活方面,王世杰的清正廉洁也深深影响了孩子们。他不烟不酒,也很少看戏或出入娱乐场所。他生活崇尚俭朴,反对铺张。在单位,王世杰从不搞特殊化,上下班有专车他不用,而是坚持步行。

王世杰对子女要求也严格,对他们提出"五要":"品行要端正,求学要勤奋,恶习要戒除,交友要谨慎,生活要艰苦。"他从不以权谋私。长子王纪武考学失利,按成绩只能以旁听生身份在中央大学读书。当时中大校长罗家伦是王世杰的下级,又曾是他北大时的学生,有人提议他为儿子说一下情,但王世杰坚决不允。

第四章

宋教仁 ▶ 白眼观天下，丹心报国家

中国宪政之父

宋教仁（1882—1913），字得尊，号遁初，一作钝初、遯初、敦初，别号渔父，化名犨斋、中岛等，湖南省常德市桃源县仙瑞乡上坊村香冲（今漳江镇教仁村香冲组）人。中国近代革命先驱者之一，被称为"中国宪政之父"。

1882年4月5日出生于湖南常德。22岁时，宋教仁担任华兴会副会长，后因长沙起义失败，前往日本法政大学学习西方政治。23岁时，加入中国同盟会，任司法部检事长。30岁时，宋教仁被任命为中华民国法制院院长，他到处演说为由中国同盟会改组的国民党争取席位。1913年3月20日，宋教仁在上海火车站遇刺后不治身亡，年仅31岁。

在近代中国历史上，宋教仁是公认的辛亥革命元勋，民主

宪政的先驱。

教育为立国根本，振兴之道不可缓

宋教仁在革命生涯中特别关注教育，对教育多有主张，重教兴学大有建树。他的教育思想及实践对推动中国近代教育的发展产生了深远影响。

宋教仁教育思想集中反映在辛亥革命后与黄兴筹办江汉大学时撰写的《江汉大学之前途》(《民立报》，1912.12.24)及1913年《代草国民党之大政见》中。宋教仁在《江汉大学之前途》一文中指出，"窃以措国家于磐石，端赖贤豪，范人士于炉锤，全资教育。强国之要，学战为先，希望甚大，誓同世界争雄。教育以期普遍，合教蒙满回藏，陶熔一致，不问东西南朔，畛域胥泯"。即在中国，教育应该不分民族、地域，明确提出了普及教育问题。31岁那年，他在《代草国民党之大政见》中指出，"教育为立国根本，振兴之道，不可稍缓"。并指出了振兴教育的五个方面的措施："一曰政治教育，一曰工商教育，一曰中学教育，一曰中小学师范教育，一曰女子教育。"

宋教仁的教育实践活动也十分丰富。1902年冬，他投考武昌文华书院普通中学堂返程途经长沙，上书省抚建言"请改岳麓、城南、求忠三书院为学堂"。当时湖南省抚虽欲遵循清廷"新政"改建学堂，因封建守旧势力顽固，依然恪守旧制，没有革新，仅将求实书院改为湖南省城大学堂，与武昌生机勃勃的学堂教育形成鲜明的对照。宋教仁给省抚建言书"洋洋数千言，洞中利弊"，见解深刻，言词恳切，深深打动了湖南巡抚，"当道纳其议，湖南学堂规模从此奠立"。

民国创立之初，宋教仁先后任临时政府法制局长及第一届内阁农林总长，忙于国事的他，深感人才对于治国安邦的重要，说服湖南都督拨款2万元，亲自主持，在"共和发轫之区"武汉创办了民国初年第一所大学——江汉大学。

1912年底至次年初，在国民大学筹办之际被推选组织筹办国民大学（后改名中国大学）并兼第一任校长。1912年冬，经校董事会推定，由宋教仁组织，选定北京前门西大街13号、正阳门城楼西侧的愿学堂为校舍。学校定于1913年春开学，校董事会任命宋教仁为第一任校长，由于1913年遇刺案发，由黄兴接任第二任校长。

为发展教育，提高国民素质，宋教仁积极推进多所学校的创办。宋教仁在东渡扶桑求学与革命活动期间，写信给家乡亲朋及地方官绅，倡办了家乡第一所乡村小学堂——渌溪小学堂及桃源第一所官办中学堂（今桃源一中）。1903年，宋教仁先后创办了长沙东文讲习所、武昌科学补习所、农政讲习所等职业学校，积极发展会员联络革命志士。1912年8月，湖南省都督府决定在湘西北创办公立第二女子师范学校，但常德与沅陵两地代表对学校选址存在争议。恰逢回乡省亲的宋教仁做了协调，最终定址桃源，他还亲临学校开办仪式并发表演讲。

家乡父老有感于宋教仁重教兴学之情,陆续创办了常德渔父中学(今常德市第五中学)、桃源渔父职中、教仁中学、渔父完小等学校,以纪念这位革命元勋、传承先辈教育立国之志。

宋教仁的思想深处深深印下了中国传统文化"修身齐家治国平天下"的烙印,从少年求学开始即能心怀天下,把成才修身作为第一要务,即便走上革命道路之后亦把求学与革命紧密融合在一起。宋教仁的求学经历使他深深感受到近代教育对人才培养及对国家民族的重要性,尤其是19世纪末20世纪初我国兴起的"教育救国"思潮有力推动了宋教仁教育思想的形成。

应该说,宋教仁的教育思想与其政治思想是分不开的,是他在政治活动中逐渐形成的。他认为,"教育必须为政治革命的利益服务,用革命的教育来动员群众同情和参加政治活动"。宋教仁任南京临时政府制法院院长时,就颁发了《普通教育暂行办法》十四条,并主持创办了江汉大学。他提出了"教育为立国之本""强国之要,学战为先"的教育强国思想,主张以道德建设为核心内容,以"科学与民主"为主要目标的"社会改良论"。

作为一位资产阶级民主主义革命家,经历了当时中国教育巨变的宋教仁视教育为其革命活动的一方面。在教育实践方面,他提出了教育立国、普及国民教育等教育思想,他把创办江汉大学视为培养革命与建设人才的一项实践活动,这是他重学兴教的教育精神的体现。宋教仁对教育的实践体现了从教育救国到教育立国的思想，不仅是观念的进步，更是认识的转变。视教育为救国的手段上升为教育立国的战略，对于民国时期的中国社会来说，具有一定的指导意义。

仁人志士，总有好儿女来善后

1882年，宋教仁出生在湖南省常德市的一个村子里。因为家庭条件较好，所以宋教仁6岁时，就跟随私塾先生读书了。当时的宋教仁，虽然对四书五经理解的并不是很深刻，但他却深深爱上了传统文化知识，所以学得也非常刻苦。

宋教仁很小的时候就表现出了对清朝的不满。据说，每到傍晚放学回家，他就把同学们召集到村外的草地上玩军事游戏，让身体较弱的同学扮演"清朝贵族"，自己则带领身体强壮的来做平民，结果总是以"清朝贵族"的失败而告终。13岁那年，他在家人的安排下到了武昌读书。也正是在那里，宋教仁不仅接触了新思想，而且还为他走上革命道路打下了坚实的基础。

20岁时，宋教仁考入武昌文华书院普通中学堂。在校期间，由吴禄贞等人组织武昌花园山聚会吸引了宋教仁，他也常与同学议论时政，逐渐走上了反清的革命道路。1903年黄兴从日本回到武汉宣传革命思想，结识了宋教仁，并成为好朋友。第二年，宋教仁与黄兴等人创立国内最早的革命团体华兴会。1913年3月，宋教仁与袁世凯等人的矛盾日益公开化，当宋教仁出现在上海火车站的时候,不幸遇刺身亡。

宋教仁16岁时,在家人的安排之下,取了方氏为妻。因为宋教仁常年忙于革命事业,和妻子相聚甚少,两人仅有一子,名字叫宋振吕。宋教仁遇刺时,他的儿子才12岁,还只是一个懵懂少年,也正是需要人陪伴的时候。然而,他却失去了自己慈爱的父亲。尽管宋教仁把革命大业放在首位,很少陪儿子,不过,他的儿子宋振吕始终以父亲为偶像。当听说爸爸遇刺,12岁的少年似乎一夜之间长大了,他当着父亲灵位起誓,一定要把所有的凶手绳之以法。

此后,宋振吕到上海读书,他学习非常刻苦认真。不过,深埋在宋振吕内心的愿望就是替父报仇。4年后,他打听到了自己的杀父仇人叫洪述祖,就隐藏在上海的一处弄堂里。4月,洪述祖暴露了在租界外的下落被上海官署抓捕,后获保释出狱,欲登车离去。而此时国民党人亦闻讯赶来,寻找仇人已久的宋振吕目光锐利,发现正要上汽车的胖子正是洪述祖,立刻强行将洪述祖拽下。洪述祖先押在驻廨西捕头的写字间里,后押往北京朝廷。此时袁世凯、赵秉钧均已死,谁也不能再保全他。1918年3月28日设在北京的大理院判处洪述祖绞刑。1918年4月5日,北洋政府对洪述祖实施绞刑,这也是民国以来首例绞刑。

宋振吕小小年纪就有血性,费了九牛二虎之力为父亲报了仇。之后,他在同盟会早期会员的帮助之下到了日本留学,开始踏着父辈的足迹,寻求救国救民的真理。

第二篇

父母之爱子,为之计深远

"勿追逐于浮名,勿孜孜于末利。"

——吴经熊《吴氏家训》

  唐末诗人贯休赞颂钱尚父的诗句,"满堂花醉三千客,一剑霜寒十四州",完全可以用来形容法学家们的声望和功勋。他们为社会铁肩担道义,辣笔著文章,针砭时弊,无所畏惧。

  在家庭教育中,法学家们却要子女"常求有利别人,不求有利自己",倡导敬畏天地,慈悲大度,淡泊"浮名"与"末利",让爱成为一切的基础。

  这是为子女做长远考虑的远见卓识的爱。

第一章

钱端升 ▶ 人无信不立,事无信不成

从杏林世家到哈佛学子

钱端升(1900—1990),字寿朋,中国著名法学家、政治学家、社会活动家。

1900年2月25日,钱端升出生在江苏省松江府钱家塘(今上海市闵行区梅陇镇双溪村)。钱家世代行医,扶危济困,在当地颇有威望。钱端升的父亲钱枚,兄弟三人,其排行老二,幼年而孤。其兄钱桐,其弟钱枬均曾由当地书塾资助公费留学,钱桐学成回国后即就任公职,钱枬习工。钱枚只得继承祖业,在乡行医,作为一家之主维持大家庭的衣食生活。

钱端升小的时候学习刻苦,进步很大。10岁考入上海县立敬业高等小学堂(今上海市敬业中学),13岁考入江苏省立

三中(今松江二中),16岁考入上海南洋中学,17岁考入清华,19岁被选送美国北达科他州立大学,不久进入美国哈佛大学深造,22岁,钱端升获得文学硕士学位后继续攻读哈佛哲学博士学位。期间,经校长罗威尔推荐到英国、法国、德国等地访问考察。24岁,获美国哈佛大学博士学位。

回国以后,钱端升相继在清华大学、北京大学、中央大学、西南联合大学等校任教,讲授政治学和比较宪法。他担任过天津《益世报》主笔,专写社论,还主办过《现代评论》等政论性刊物。中华人民共和国成立后,钱端升任北京大学校务委员会委员、法学院院长。1952年,受命筹建北京政法学院(今中国政法大学),并出任首任院长。1954年参与第一部《中华人民共和国宪法》起草工作。

作为杰出的爱国民主知识分子,钱端升长期致力于发展中华人民共和国的法学教育和法学研究事业,对中国立法工作和社会主义民主法制建设做出了巨大贡献。他学贯中西,著述颇丰,为中国培育了大批人才,不少海内外知名人士都曾受过他的教益。从20世纪20年代至40年代,钱端升有译作《英国史》(屈勒味林著),及《法国的政治组织》《德国的政府》《法国的政府》《民国政制史》《战后世界之改造》与《比较宪法》(与王世杰合著)等著作。另外,《中国的政府和政治》是钱端升1947年担任哈佛大学客座教授期间的英文巨著,由其朋友在美国出版,并成为哈佛大学、斯坦福大学等学校的教科书,直到20世纪80年代末仍再版使用。

铁肩担道义，辣手著文章

钱端升以教书为业，也以教书为生。1924年归国后，先后在清华大学、南京中央大学、北京大学任教或兼职，讲授政治学、宪法学。对于时事政治他也相当关心，曾在《现代评论》杂志连续发表论述，强烈要求废除"领事裁判"，归还租界。他提出要吸取西方经验，建立完善的中国行政系统。1934年，继任天津《益世报》主笔，数月间发表议论170篇，针砭时弊，后来被迫去职，再次担任南京中央大学教职。柳亚子《怀人》诗盛赞他："钱郎才气颇纵横，抵掌能谈政与兵。揽辔澄清吾已倦，论坛一臂汝能撑。"并于抗日战争全面爆发后参与了西南联大法学院的筹建。除了继续耕耘在讲坛上，钱端升还积极撰写有关国际时事的论文和学术研究的专著，积极参与推进抗日统一战线的活动。从抗日战争全面爆发到中华人民共和国成立的12年间，钱端升四次应邀赴美国参加学术会议和讲学。并在国内革命战争期间，任哈佛大学客座教授，主讲《中国政府与政治》。

1949年回国后担任北京大学法学院院长。1952年，中华人民共和国实施高等学校院系调整政策，钱端升参与北京政法学院筹建并担任首任院长。同时，兼任外交学会副会长、对外友协副会长、世界和平理事会理事、外交部顾问，致力于中华人民共和国的法制建设。

作为国民参政会的参政员,钱端升和张奚若、罗隆基、周炳琳一道,成为蒋介石最害怕起立质询的参政员。用赵宝熙先生的话说,"这四位教授,虽然政治立场不尽相同,但都痛恨腐败、独裁,力争民主,且皆熟悉西方民主程序"。虽然中国有句古话"秀才遇到兵,有理说不清",但在钱端升等参加的国民参政会上就不完全适用了,纵然蒋介石身为第二次世界大战中国战区总司令,在面对钱端升等知识分子时依然不得不有所收敛。

钱端升的这种独立人格,更多来自于其洁身自好,他压根就不愿意做蒋介石的官。谢泳先生在《寂寞钱端升》一文中就指出:"钱先生要是想做官,机会多得很。"怎么个多法呢?钱端升在一封致胡适的信中描述了他和陈布雷见蒋介石的情况。钱端升告诉蒋介石,他将回北大继周炳琳任北京大学法学院院长,蒋说这样很好,"但自蒋处出来时,陈布雷大感其窘,大概陈布雷曾受人之托,欲令我为设法者也"。就凭钱端升的聪明,不会不理解见蒋介石的不容易,退一步说,他也不会不理解陈布雷对于其当官的可用价值,可是钱端升却依然想回学校教书,至少在后面的20多年里,钱端升确实做到了"以教书为业,也以教书为生"。

1945年8月日本投降后,毛泽东赴山城和蒋介石举行重庆谈判。10月1日,钱端升和西南联大的另外9位教授,联名致电蒋介石和毛泽东,要求国共双方停止内战,实现国内和平。西南联大这个民主堡垒也成为国民党特务的眼中钉、肉中刺。

原定于是年11月25日晚在云南大学致公堂召开的时事晚会受有关方面的干涉被禁止,云南大学被勒令不得提供场所。后来时事晚会改在西南联大图书馆草坪上举办。除了西南联大的青年学生外,社会各界约有6000多人冲破军警特务的重重阻挠,前来聆听时事演讲。钱端升以"对目前中国政治的认识"为题发表演讲,疾呼"内战必然毁灭中国""我们需要联合政府",西南联大草坪上掌声雷动。

突然间一声枪响,紧接着枪声大作,子弹"啾啾"地飞过现场师生们的头顶,当局出动军警团团包围住师生,企图鸣枪驱散时事报告会。钱端升并没有因此终止他的演讲。国民党军警见此计不成,又以停电试图结束时事报告会。钱端升和其他师生一道,又点起汽灯继续发表他们的看法,一直到会议结束。11月27日昆明各大中学校代表决议全市总罢课,钱端升出席了西南联合大学教授会,通过公开抗议支持学生的行动。12月1日,国民党军政当局制造了一二·一惨案,在联大师范学院大门前开枪并投掷手榴弹,联大学生潘琰、李鲁连等4人当场死亡,重伤20多人。12月2日联大教授集会,推选钱端升、周炳琳、费青、燕树棠、赵凤喈5位教授组成了法律委员会准备起诉。此举得到成都、上海各界纷纷响应后,国民党特务甚至寄给钱端升一颗子弹,以此相威胁。而面对国民党的极权统治,钱端升表现出了知识分子的骨气和勇气,他几乎从来没有退缩过,正可谓是"铁肩担道义,辣手著文章"。

中华人民共和国成立后,国家对原有重点院校实施院系调整,在中央的直接推动下,北京大学、清华大学、燕京大学、辅仁大学的法学、政治学、哲学、社会学等学科合并组建成立了北京政法学院(即中国政法大学的前身)。由中央人民政府主席毛泽东亲自签发钱端升院长的任命书,副院长刘镜西、李进宝的任命书是由政务院总理周恩来签发的。来自北京大学、清华大学、燕京大学、辅仁大学的一批创业者,在中华人民共和国高等教育体制改革和司法体制改革的双层背景下,开始了中华人民共和国政法专业教育事业的拓荒工作。正像美国耶鲁大学的一批教师,离开耶鲁去创办普林斯顿大学一样,以钱端升为首的创业者们以崇高的理想、高昂的热情和凝练的传统云集北京政法学院,是这些大师和先哲们创造了该校历史上的第一次辉煌。北京政法学院因此而成为中华人民共和国政治家的摇篮、法学家的基地,成为推动社会进步和法治昌明的坚强堡垒。

重教读书,家风世传

钱端升的幼年时代,中国正处于大变革的前夕,清政府为扭转残局,实施以"废除科举"为肇始的教育改革。1905年,全国各地停科举设学堂。年幼的钱端升也是从这一年,在父辈的引领下开启了读书生涯。钱端升在《我的自述》中写道，自1905年始，父亲和伯父们开始教他读书识字，其中有个堂伯父，是位老贡生，"对公羊、穀梁颇下过一番功夫"，他学识渊博，名高望众。父辈的言传身教，春风化雨，钱端升耳濡目染。

随后，钱端升又在家乡读了私塾。一向在子女教育方面不吝花费、开明贤达的钱氏一族，特地为孩子们延聘了一位圣约翰毕业的先生当塾师。圣约翰大学是当时上海非常著名的一所教会大学，学生多为政商名流的后代或富家子弟。学校从1881年开始就实施英文授课，1906年后，其毕业生可直接进入美国的大学深造。民国政要顾维钧、宋子文，著名学者林语堂，作家张爱玲，建筑大师贝聿铭均出自该校。家境殷实的钱家，为了培养后代，不惜重金聘请了圣约翰的毕业生做家教，其不凡的治家格局可见一斑。

圣约翰老师给予孩子们的，除了传统私塾的国文基础，还有数学、英文和史地等科目，这些闻所未闻的崭新领域，极大地激发了童年钱端升探索新知识的兴趣和热情。几年下来，《四书》《史鉴节要》《诗经》《左传》和《唐诗三百首》等篇章，钱端升均能烂熟于心，同时对于数学、英文知识的涉略，也为他打开了一扇看世界的窗口。

钱端升自幼浸润于江南秀丽的湖光山色和家族厚重的文化底蕴，早早接受了中西结合式的教育，加之父辈的胸襟和眼界，注定他日后的人生道路非同寻常，绝不会单为谋生去学一门技艺，而是要考学留洋、济世报国。

钱端升是钱家同辈男孩中的老大,特殊的长子地位,加之他少时聪敏好学,记忆力超群,学业优异,可谓"集万千宠爱于一身",深得父辈尤其是伯父钱桐的宠爱与赏识。钱桐早年曾留学日本,通晓日、俄、蒙文,先后任南京临时革命政府北京参谋本部国防科科长、新疆宣慰专员、北平古物陈列所主任、北平古学院副院长等职。据家人回忆,因钱桐时常对钱端升赞誉有加,有个小堂弟甚至产生了"心理阴影",考大学时绝不与钱端升报同专业。1913年,钱端升考入江苏省立三中时,钱桐专门请人订制了一方铜墨盒作为奖励,墨盒上镌刻有"练习身体,修养精神,讲求学问,后先有序,乃收厥功"的字样,伯父的谆谆教诲和殷殷期望时刻激励着钱端升奋发向上。

中学时代的钱端升素喜钻研,算学课上总能另辟蹊径,探索与书本不一样的解题思路,深得老师的赞许。他的中学日记里曾写下:"今日算学,余于黑板上,从未做过,今日始叫去演一题,甚易。""个人算式比教材更简洁。"少年内心按捺不住的小得意溢于言表。四年级时,他与同学蔡振合作的数学题解《平板测量用之照准器之制作法》,被刊录到《江苏省立第三中学杂志》第2期。

得益于当年圣约翰老师的教导,钱端升的英语成绩同样出类拔萃,作业时常被选为范文供其他同学借鉴。1915年,作为三年级学生的钱端升将一段古文《作息》翻译成了英文,被老师推荐到了校刊上登载。从19岁被选送到美国北达科他州立大学起,他先后攻读了美国哈佛大学文学硕士学位、哲学博士学位,到英国、法国、德国等欧洲国家访问考察。重返祖国后,他相继在多所大学任教,主笔天津《益世报》,创办《现代评论》等刊物。中华人民共和国诞生前夕,钱端升正在美国哈佛大学任教。1948年11月回到北平不久就被推为北京大学法学院院长。

钱端升人生的第一个24年,是求学、游学阶段;而第二个24年,即至1948年,才是真正的"以教书为业,也以教书为生"的阶段。

这期间,钱端升先后在清华大学、北京大学、南京中央大学,以及抗日战争时期的西南联大讲授政治学和法学。在课堂上,钱端升博学深思,授课材料最多,参考书目也最多,很受学生欢迎。特别是在西南联大,钱端升自1938年至1941年,连续4年讲授宪法学,与王世杰合著的《比较宪法》进一步完善了中国制宪史略及现行政制的有关内容,时至今日,该书仍然是研习宪法不可或缺的参考书目。也正是这一时期,处于青壮年时期的钱端升,学术生涯达到人生顶峰,专著、合著、译著达数十部之多。

在《我的自述》一文中,钱端升把自己1949年之前的生活概括为"以教书为业,也以教书为生"。纵观民国法学界与法律人,钱端升在北平解放以前的确是为数不多的专心教学、治学、育人的法学大家,是一名基本上未担任政府职务的自由知识分子。尽管钱端升有机会参与政治,但是,在钱端升看来,拥有独立思想、独立人格高于一切(这也是民国知识分子的一个共识）。

钱端升的言传身教对他的孩子影响深远。

他的儿子钱大都曾经深情回忆了父亲日常对他们影响的点点滴滴。他说父亲喜欢在夜深人静时写文章，他们从很小的时候就见父亲常在英文打字机上彻日彻夜地工作。钱端升思路敏捷、出口成章，可以口中念着他构思的英文文章字句，夫人在旁随手写出。《中国的政府和政治》（英文版）就是钱端升口述，一位美国秘书打出来的。乃至钱端升已届高龄，在给费正清等美国友人写信时，仍然是出口成章，由夫人记录下来念给他听过之后即成文付邮。钱端升的英文文章很讲究语句和修辞，他在文章中一般不重复用词。钱端升的好友金岳霖曾经盛赞钱端升的英文比一些美国人还好。相对之下，钱端升口述和所写的中文文章就更是驾轻就熟。他在1934年担任天津《益世报》主笔期间，在短短的8个月内就写出了170篇笔锋犀利的社论，其中许多是纵论时局、针砭时弊、主张抗日、反对投降、反对绥靖主义的文章。钱端升在其他方面也是博学多识，耳熟能详国内外许多大小地名和那里的主要历史事件。

对于子女，钱端升并不刻意要求孩子们做什么和不做什么，但是他常常一回家就待在自己的书房里，做研究、看资料、写文章一直到深夜，这种生活状态就是最好的教诲。与其说有什么家规，日常生活中的耳濡目染才是最好的教育，书房是孩子们最重要的课堂。

钱端升对孩子也十分用心,细心观察和了解孩子们的兴趣爱好、专业所长及专业领域。比如,针对儿子钱大都的专业,他会全面了解各主要工业国矿产资源情况及当时的经济行情,如德国的煤炭和钢铁,荷兰及欧洲北海的石油、天然气开发以及中国某某省的矿产资源情况等,也跟孩子一起讨论过中国的未来前景和发展方向。

钱端升一生少有为自己或为家眷去求过别人,但他却乐于帮助他人,包括他的学生们。在20世纪30年代、40年代毕业的学生中,很多人在经济上或工作上得到过他的帮助。

所有这一切,都已渗透进孩子们的精神里、生活里和风骨里,让他们在不知不觉中向着父辈的样子奋进,成为和父辈相近的人。

第二章

沈钧儒 ▶ 立志须存千载想,闲谈无过五分钟

固若南山,此志不移

沈钧儒(1875—1963),字秉甫,号衡山,浙江嘉兴人,祖居在嘉兴城内南帮岸 2 号,现在改建成为沈钧儒纪念馆。清光绪甲辰(1904)进士。

30 岁时,沈钧儒留学日本。回国后参加辛亥革命和反对北洋军阀的斗争,38 岁时加入中国同盟会。五四运动期间,撰文提倡新道德、新文化。曾任国会议员、广东军政府总检察厅检察长、上海法科大学教务长。1936 年,他与宋庆龄等发起并组织了全国各界救国联合会,积极开展抗日救亡运动,触怒当局而入狱,他是著名的救国会"七君子"领头人。之后,他为反对内战争取和平,建立和扩大爱国统一战线做出了很大贡献,是中国民主同盟的创始人之一。曾出席在柏林召开的国

际民主法律工作者协会第五届代表大会,当选为国际民主法律工作者协会副主席。

中华人民共和国成立后,历任最高人民法院院长、全国政协副主席、全国人大常委会副委员长和民盟中央主席等职。作为中国民主同盟创始人之一、民主爱国人士,沈钧儒被誉为"民主人士左派的旗帜""爱国知识分子的光辉榜样"。

德行兼备,心系国安

沈钧儒自幼聪颖,有7岁(实为5周岁)能诗之誉。13岁即积诗成帙。15岁考秀才得中,诗赋列为第一。受家庭环境的熏陶,在青少年时,沈钧儒就十分注重个人道德修养,并影响着他的一生。晚清时的国家遭受的深重苦难,激发了沈钧儒的爱国之情。19岁时,中日甲午之战更加激发了他对外患的担忧,使得他更加关心时务,撰写数篇诗文以表忧国愤世之情。

25岁时,沈钧儒与胞兄沈保儒赴陕西三原学署担任阅卷工作。在那里,他与于右任等人共同创办了三原印书局,翻印康有为、梁启超等书作,推崇维新革命。28岁时,沈钧儒参加乡试中了举人。第二年,参加殿试得了"赐进士出身"名衔,被签派刑部贵州司工作。沈钧儒见到同时期的日本维新后的逐渐富强,就申请留学日本期盼着为振兴祖国探寻出路。30岁时,他被清政府允许以新科进士的身份派赴日本东京法政大学(私立)法政速成科政治部留学,3年后毕业回国担任浙江谘议局筹办处总参议。34岁时,沈钧儒担任浙江两级师范学堂(官立,今杭州高级中学)监督(校长),同年当选浙江省谘议局副议长。沈钧儒连同江苏省谘议局国会请愿代表3次进京请愿召开国会,均无果。由此,他发现清廷所谓预备立宪仅仅是骗局而已,遂决心转向革命。

1912年初,38岁的沈钧儒当选为浙江省临时议会议员、浙江省教育司司长。他着手整顿了省内学校,对教育制度进行变革。同年4月,沈钧儒被选为统一共和党参议,5月加入中国同盟会,8月加入了国民党。但是到了当年年底,他辞去了各种行政职务,膺选为国会参议院浙江省候补议员。第二年他参与起草了天坛宪法草案。

42岁时,沈钧儒担任司法部秘书不久即离职南下广州,于第二年被递补为广州国会正式议员参与制宪。45岁时,沈钧儒担任护法军政府总检察厅检察长。同年10月即离职回沪研读马克思《资本论》,著《家庭新论》论述家庭问题及社会问题。

47岁时,担任《中华新报》主笔。同年6月任国会参议院秘书长,8月当选国会宪法起草委员会委员。第二年6月,因反对曹锟贿选而辞去秘书长一职,后与国会拒贿议员联合维护《临时约法》,却无果而终。51岁时,沈钧儒与褚辅成、沈恩孚、黄炎培等联合反对军阀孙传芳。蒋介石发动四一二反革命政变时沈钧儒被捕,险遭杀害。

之后的一段时间,沈钧儒多是以大学教师和管理者的身份从事革命工作。52岁那年,沈钧儒担任上海法科大学(后改名上海法学院,1950年并入上海财经大学)教务长,他主张学术自由和自由结社,培养了诸如著名法学家沙千里、林亨元等不少法学专门人才。53岁时,担任上海法科大学教务长,并执行律师业务,以敢于主持正义不畏强豪而称誉于律师界。

九一八事变发生,沈钧儒义无反顾地投身到抗日救亡运动中去。一·二八事变后,他更是全力以赴地支援十九路军进行淞沪抗战。1935年12月他与马相伯、邹韬奋等上海文化界的进步人士组织上海文化界救国会,发表《上海文化界救国运动宣言》。1936年5月参与宋庆龄、马相伯等领导成立的全国各界救国联合会。1936年11月23日,沈钧儒与章乃器、邹韬奋、李公朴、史良、王造时、沙千里被国民党政府逮捕,就是著名的"七君子"之狱。七七事变后,国民党当局迫于形势于1937年7月31日将"七君子"交保释放。

此后,沈钧儒一直积极参与抗日救亡活动中。1941年为调解国共冲突,沈钧儒任中国人民救国会主席。1944年9月中国民主政团同盟改组为中国民主同盟,沈钧儒当选为中央执行委员、常务委员。1945年日本政府宣布无条件投降后,沈钧儒等爱国进步人士积极开展与国民党蒋介石的反动统治和不支持国共合作的政治图谋进行坚决斗争。正是因为沈钧儒不屈不挠的革命精神,在1949年9月21日召开的中国人民政治协商会议第一届全体会议上,他成功当选政协全国委员会委员和中央人民政府委员。

中华人民共和国成立后,沈钧儒历任中国人民政治协商会议第一届、第二届、第三届全国委员会副主席,全国人民代表大会第一届、第二届常务委员会副委员长、最高人民法院院长、中国民主同盟中央主席等职;为中华人民共和国的法制体系建设与巩固人民民主专政做出了积极贡献。

爱是一切的基础

沈钧儒出生在一个书香门第的士大夫家庭里。祖父沈玮宝,廪贡生,官至苏州府知府。在沈钧儒4岁时,祖父去世,但祖父为官为人的正直不阿、秉性孤傲、清贫自守在家中流传下来,对幼年沈钧儒多有影响。

与祖父相比,祖母对沈钧儒的影响更大。祖母唐如出身士大夫之家,她心地善良,关心穷人疾苦,时时帮助穷人,甚至典当衣物接济穷人。祖母的行为,深深感染着青年沈钧儒。他忆述:"祖母的一切深深感动了我,我从此感到,这世界上苦人这样多,我们应该给他们帮助,不要只顾自己享受。"沈钧儒坦言:"我的思想转变,是来源于我的祖母。"

与此同时,父亲沈翰、母亲潘德琬的言传身教对沈钧儒的影响也很大。从父亲那里,沈钧儒受到了儒家仁民爱物的传统教育。他们家的中堂挂着一幅楹联:清风故人品,初日少年文。沈钧儒后来回忆,"幼年时代,父亲所给予我的家庭教育,影响也异常之大。综计父亲所教育我们的,第一是和平;其次是清洁整齐和习惯;此外,父亲更教育我们要爱惜物力"。母亲潘德琬,虽未上过学堂,但读过不少书,能诗善文。在这样的家风中,沈钧儒从小接受儒家"修身、齐家、治国、平天下"的理想和济世救民的优良传统,形成了良好的道德修养。

沈钧儒的夫人张象徵,是江苏吴县名士张廷骧的长女,自幼聪颖好学,识字有文化,温和善良。婚后,沈钧儒在外奔走,她虽为丈夫的安全提心吊胆,但仍积极支持,在家中料理家务,抚养子女。夫妻二人,相敬互爱,同甘共苦,感情深笃。

在沈钧儒的一生中,他贫贱不移,洁身自好,克己奉公,清廉正直,乐于助人。在家庭环境上,他重视家庭,爱护子女,对后辈循循善诱,是青年的良师益友。中国近代文化人物、《大公报》总编辑张季鸾曾高度评价沈钧儒"家庭妻贤子慧,乐道安贫,一门之内,其乐融融"。"妻贤子慧、乐道安贫"是沈钧儒家庭最珍贵的精神遗产。

从沈钧儒的曾祖父到沈钧儒的曾孙,上下绵延的七代人都爱石藏石,堪称世界收藏史上罕见的藏石世家。在沈家的庭院、客厅、书斋里,到处供有奇石。以石会友,以石交友,是沈钧儒藏石、赏石的一种乐趣,也成为一种家庭文化。

出生于士大夫家庭的沈钧儒 29 岁时中了进士。按照中国传统士大夫家庭的习惯,他本可以成为一个乡绅或政客,然而他没有走仕途,而是用知识救国。"身为中国人,最重要也是最基本的品质是要爱国。"沈钧儒一生为中华人民共和国成立、立法立宪而奋斗,是公认的爱国知识分子的光辉榜样。面对家庭,在家人心目中,沈钧儒更是"爱的化身",他总是说"爱是一切的基础"。

多年以后,沈钧儒的子孙后代依然谨记着他说的这句话。

沈钧儒曾告诫子女:爱国不是挂在嘴边的口号。女儿沈谱在回忆父亲的文章中说:"对于孕育他生长的这块广阔土地上的一切,父亲都寄予了深厚情感。他热爱祖国每一寸大好河山,用行动告诉我们,祖国不是虚称,如何才能使祖国和人民摆脱深重苦难并获得永远的解放呢?他一生都在努力寻求这个真理,也用自己的行动告诉我们要爱国以及如何爱国。"

沈钧儒是不折不扣的"老少年",他喜欢和青年交朋友,因为他认定青年才是国家的未来。所以,家里的孙辈都喜欢跟他交流,家事国事天下事,沈钧儒总是以身作则,引导家人去学习和了解。

当初,很多革命进步青年去延安,都会慕名找到沈钧儒,他总是热情接待,把身上的钱给他们,没有钱的话就把手表、衣服给他们。"他发自内心地爱着和他一样爱国、积极的进步青年,他的这种精神,是留给我们最无价的财富。"沈谱说。

1922年,他忙里偷闲,写下了3万余字的《家庭新论》。他说:"儿童是人类爱的维系物,社会制度无论变迁到怎样的程度,爱就一个字,必终为社会建设的基础……"显然,这对沈钧儒的子孙后代都产生了非常深远的影响。爱国、爱人民,也爱家人。从1901年到中华人民共和国成立,沈钧儒给爱人、5个子女共写了200多封信件。

在子女们心中,沈钧儒的"爱"不仅有对祖国、青年一代的大爱,也有对家人尤其是伴侣的爱。他和妻子张象徵同岁,20岁时结婚,恩爱相处、同甘共苦40年。即便在后辈面前,沈钧儒都笑脸盈盈地称太太为"阁下",他一直对妻子态度谦和,饱含深情,这让他的子孙后代都感到温暖和幸福。受他的影响,他的5个子女都家庭和睦,是从来都不吝于把"爱"挂在嘴边的"模范伴侣"。1929年,张象徵患重病离世后,沈钧儒把自己的照片放进她的衣服里,陪着她一起下葬。从那以后,沈钧儒的衣服贴身口袋里,也一直放着张象徵的照片。"君影我怀在,君身我影随。重泉虽暂隔,片夕未相离。俯仰同襟抱,形骸任弃遗。百年真哭笑,只许两心知。"这首他写给妻子的诗歌《影》,是沈钧儒子女后代最为珍视的遗产,也是他们无论何时何地,都努力去爱身边人、爱祖国的最好指引。他的孙女沈松说:"爷爷这辈子,老老实实做人,勤勤恳恳做事,无论顺境逆境,都像个少年一样去爱他认为值得的一切。他的这种态度和人生观,会一直影响我们全家人!"

爱家、爱人民、爱祖国,沈钧儒一生都以爱为本,从爱出发。所以时至今日,他的家人提到他都会说:"爱是一切的基础,这将是沈家一直传承下去的家训!"

第三章

吴经熊 ▶ 猗猗季月，穆穆和春

天纵英姿，履历辉煌

有人说："民国人物中有三位，既是学贯中西的清流学者，又是名扬天下的双料才子，但他们的宇宙观各具代表且层次分明，那就是：代表灵性宇宙观，宗教造诣特深的吴经熊；代表情性宇宙观，人文修养极厚的林语堂；代表物性宇宙观，竭力提倡科学的胡适之。由于曲高和寡及时代潮流的原因，这三大名家在国内的知名度，刚好倒过来，那就是胡适之、林语堂、吴经熊。"

1899年3月28日，吴经熊出生于浙江省宁波府鄞县（今宁波市鄞州区）。6岁时，开始接受传统启蒙教育，读文识字，背诵四书、五经。9岁时就开始学习英文。

吴经熊，这个响亮的名字或许是过去百年中为数不多甚至是唯一可以让中国人骄傲的法律人。20世纪20年代,他赴美、德、法三国游学,师从惹尼、施塔姆勒、庞德,先后结交了霍姆斯、卡多佐、威格摩尔、马里旦,曾经担任过哈佛大学法学院的客座教授、夏威夷大学和新泽西州西东大学的法学教授。这样一位可以在美国法学界立足并与诸位法学大师建立深厚友谊的人也许能够为上述的疑问提供一种解答的思路。吴氏曾被喻为"作为东西方之间桥梁的人物",试图以一己之力推动东西法律思想的交汇。吴经熊在弱冠之年即博得时任美国联邦最高法院霍姆斯大法官青睐,霍姆斯给吴经熊写过70多封信,他们以忘年之交坐而论道十几年。

28岁,他就以"东吴大学最优秀的毕业生"之名义担任该校法学院院长。30岁,他成为上海临时法院院长,以一系列精妙的判决赢得"判决宝座上的所罗门王"之誉。

1929年,他接受美国哈佛大学与西北大学的邀请出国讲学,成为中国受聘哈佛执教的第一人,且是继剑桥大学霍兹沃思教授和国际法院波特曼法官之后,担任西北大学罗森泰尔讲座教授的第三人。1930年,他辞去法官的工作,开办律师事务所,因为上海人都早已知道他是深谙法律的法官,蜂拥而至,门庭若市,争当他的客户,月收入超过4万美元。1933年,他由在野的法学家一跃成为立法院立法委员,被任命为负责起草享誉后世的"五五宪草"的宪法起草委员会副委员长。

吴经熊一生著作颇丰。1921年,得到了卡内基国际和平基金会的资助,吴经熊前往巴黎大学访学。吴经熊以法语发表了《国际法方法》《成文国际法》和《论自然法》等多篇论文。第二年,吴经熊来到柏林大学深造,师从新康德主义法学派首创人施塔姆勒。吴经熊极为推崇施塔姆勒关于"法律哲学的主要任务是发明和制定关于法律的普遍有效的原则和定义"的主张。吴经熊以德文发表了《法律哲学中的认识问题》期望将理性主义与经验主义加以调和,引起了欧美法律学者的关注。

1923年,吴经熊回到哈佛大学法学院,以庞德社会法学为基础写作了《论庞德的法哲学》一文。吴经熊开启的是与霍姆斯、庞德等世界级法学家的超越东西方的学术对话。

在上海租界任法官期间,吴经熊那些充满法律论证的判决获得了美国证据法权威魏格莫的赞赏,"当哲学家们变成了法官,理想主义和现实主义这些相反的特性就会被充分地统一在一个人身上了,这乃是一种异乎寻常的结合,这一异乎寻常的结合可在吴经熊身上看到"。

满堂花醉三千客,一剑霜寒四十州

吴经熊1899年出生于浙江宁波的一个富庶家庭,他的父亲吴葭苍是学徒出身的银行家。早年父母双亡,由其养母(他父亲的正妻)抚养成人。吴经熊6岁开始接受传统私塾教育。他读《二十四孝》《诗经》《论语》,也读老子、孟子的文章。由此，吴经熊对传统文化产生了浓厚的兴趣，他说："《论语》的好处就在于，越研究就会越喜欢它。一个入了迷的学生就好像是一只小狗，不断啃、咬、嚼着一块有美味的骨头。"而孟子关于内在生命的哲学与修养，也深深影响了吴经熊。他说："人们很难想象这一忧患哲学对中国人的生命观影响有多深。"对中国传统经典的研习，使得吴经熊很早就深受传统文化精神的熏陶，也给他之后对传统文化的解读和评判奠定了基础。

吴经熊对语言有着特殊的天分，9岁开始学习英文、法语、德文。用他自己的话说："我用英文思想，用中文感觉，有时也用法文歌唱，用德语开玩笑。"这种语言天分为他日后赢得国际声誉提供了必要条件。

吴经熊最先是在上海沪江大学理科学习，只是在一次化学实验中发生了事故使得他对自己所选择的专业有了疑虑。后在好友徐志摩的建议下，吴经熊转学法科，成为东吴大学法科的第三届学生。这是一所教会学校，在这里他不仅忍受了法学的艰苦训练，也成为了一名基督教徒。同一届共有8名同学，虽然吴经熊的年纪最小，却以唯一的"最优生"获得了1920届法学学士学位。之后，吴经熊前往美国密歇根大学法学院攻读法学硕士（LLM）学位。由于所攻读的5门课程均获得"A"的优异成绩，加上他在东吴大学法学院接受英美法教育的学分获得承认，仅一年，吴经熊就以十个满分的优异成绩直接获得了法学博士学位。这一年，他的第一篇法学论文——《中国古法典与其他中国法律及法律思想原始资料选辑》在

《密歇根法律评论》上发表。他在文章中,把老子视为中国的自然法学派,把孔子视为人本学派,把商鞅视为实证学派。他的观点是"中国法律思想足以接受近代的社会法理学"。希望列强不要把治外法权和领事裁判权加诸作为最早论及自由与正义的中国。吴经熊的论文得到了美国最高法院大法官、实用主义法学派创始人霍姆斯的赞赏,也让两位年龄相差近60岁、不同国别的法律人成为忘年交。这些学术成果后来被收入他的文集《法学论丛》,使吴经熊成为享誉国际的中国法律人。

看到20世纪20年代国内的内战与混乱,吴经熊认为中国社会必然会进入法律的文艺复兴时代,他希望自己能发挥"孟德斯鸠式的作用"。满怀这种希望,1924年,25岁的吴经熊回到祖国,到母校东吴大学任法学教授。1927年起,吴经熊执掌东吴大学法学院第一任院长10年,成为近代法学教育史上最辉煌的一页。

1927年,吴经熊被任命为上海公共租界临时法院推事。他谨守法官的职业操守,运用法学理论进行公正审判。在特瓦雷聚众赌博一案中,特瓦雷以立法时还未出现的轮盘方式进行赌博,律师辩护认为不能为罪。吴经熊批评这种"原意论"的辩解方法,提出立法旨意为禁止赌博,而针对赌博这类概括性概念需以"法律进化观"加以解释,因而判令罪名成立。在审判加西亚案时,被告律师威胁说,如果判决对外国人过于苛刻,将会延迟治外法权的取消。吴经熊强调:"这种论点,可以理解为政治论点,既不恰当,也与本案无关。法律才是法庭的唯一偶像,具体案件的判决并不受治外法权的归还或取消影响。"吴经熊在上海公共租界临时法院的卓越表现为其赢得了吴青天的美誉,媒体称赞他为坐在审判席上的所罗门王。

1928年之后的5年中,吴经熊曾两次进入南京政府立法院,先后参与民法典和宪法草案的起草。1933年6月,吴经熊草拟了《中华民国宪法草案初稿试拟稿》,共分5编214条,包含了吴经熊长期以来关于国家政治理想与理性考量。在草稿中,他把中国传统文化的核心价值跟现代西方自由主义理念加以有机熔铸,希望既能维护国家主权利益,又能关照民生福祉。经过3年的多次修改后正式公布(即史称"五五宪草")。此后,他写下了《中国制宪史》(两册本),对制宪经验教训加以总结,至今仍有借鉴价值。

1937年底,吴经熊受洗皈依天主教,这也成了他法学思想的分界点。早期吴经熊的思想渊源包括霍姆斯的法律实用主义、庞德的社会法学、施塔姆勒的新康德主义法学及彼得拉日茨基的法学心理学等。1933年出版的《法律哲学研究》一书既有对传统法哲学解读、对当代法律的思考,又有对西方法学的关注。皈依天主教后,吴经熊则不再关注现实的实证法律科学,而转向超越文化界限的神学自然法思想。这两个时期,吴经熊均能对传统文化与西方文化有深刻的认同与反思。受西方法学思想的影响,他对西方法律思潮的亲近相对明显。

为何皈依天主教，究其原因可能在于，吴经熊曾投身国内实际，并希望通过法律实践在各个领域竭尽努力，然而依然无法发挥其孟德斯鸠式的作用。也许，宗教是他精神安顿的最终之处。1949年之后，吴经熊主要在国外讲学，先后在美国夏威夷大学、新泽西西东大学任教授。晚年定居台湾，直至1986年去世。

当代学者评价吴经熊"是东西方对话中格外重要的人物"（田默迪），"是近代中国第一位世界级的法理学家"（曾建元）。尽管吴经熊的著作多以外文写作，且其晚年多以神学作品为主，依然无法阻止他作为跨越时代和地域的法理学家的世界级影响。许章润曾评价吴经熊："中国现代法学发轫于清末变法，迄而至今，骎骎乎已历五代。然而，回眸百年生聚，整个二十世纪，真正享有世界级声誉的中国法学家，惟吴公经熊先生一人而已。世事云烟，百年后回头再看，论世道，察法意，究人心，还是吴公高瞻一俦。"这是对吴经熊作为百年中国法学界第一人的盛赞。

吴经熊是国际著名的法学家，是中华民国宪法的起草人之一，也是一个非常开放且又谦虚的人。他退休以后回到台湾地区，开课讲《传灯录》，选了一些公案来分析。他讲课很风趣，他会在课上说："这个我不懂，你们讲讲看。"然后有一个同学讲了，他就说："你的看法很好，我就用你的看法。"吴经熊曾说："作为一名中国人，我有一个祖国要拯救，我有一群人民要启蒙，我有一个种族要高举，我有一个文明要现代化。"

勿追逐于浮名，勿孜孜于末利

西方有句话说：培养一个贵族要经过三代人的努力。此话用在吴经熊家族里实在不虚！

吴经熊的父亲吴传基1847年出生于一个贫苦家庭，只念过三年私塾，先做学徒，后来成为米商。在他40多岁的时候，与人合伙创立了乾丰钱庄，并任总经理。吴传基因年过40无子嗣，于1889年纳余桂云为妾，生下三个孩子。1890年，长子吴寄生出生，1894年生下女儿莲姐。吴经熊是家中最小的孩子，与其兄长相差9岁。

吴传基，人称苍师傅，是宁波商帮的领袖之一，担任宁波商务总会（宁波工商公会前身）第一任总理（并连任两届），为当时宁波商界的风云人物。

吴传基一生有着极高的人格魅力。前清贡生黄次会对吴经熊总结道："就像一篇优美的文章，其中言辞与意义、理想与事实、情感与理想、柔与力、阴和阳，都完美地和谐为一。"吴传基虽为商人，却具备非凡的慈悲心与同情心，行善而不事张扬，精于计算却更照顾情感，多年来一直被认为是为善的楷模。在他去世后，甚至传言其成为宁波城隍庙里的市神。吴经熊在他的自传中写道：

"一年的某几天——这几天算命先生都视为结婚的吉日——我父亲都必须在一天之内赶赴二十几场婚筵。他先去有钱人家的,呆了几分钟就告辞。最后他总是留在最穷的那户吃饭。'理由在于,'我妻子总结说,'他不被富人挂念,但对穷人来说,他的到场却是莫大的安慰。'有一年除夕,夜里来了个年轻人找我父亲借钱。我父亲点了点头说:'我稍后就把钱送给你。'年轻人道了谢就走了,但并不高兴。过了一会儿,父亲吩咐一个人把钱捆在一个包袱里,说:'一定要把钱交到某某女士手里。'我从妈妈那里得知,那年轻人是个有名的花花公子,他来借钱显然是为了还他的赌债和嫖资,他从不把妻子记在心里,一直漠然置之。我父亲心地好,但脑袋也不傻。"①

吴经熊4岁那年,生母去世;10岁那年,父亲吴传基去世。吴经熊是由其大娘,即吴传基不能生育的原配夫人抚养长大的,母子感情极深。吴经熊自己回忆道:

"我的童年就几乎是在仙境中度过的。(至今)甜美的旧中国魂仍在我心中萦绕,就像童年时令我着迷的半忘却了的旋律。我多么想再一次偎在年老的母亲的怀中!

---

① 吴经熊:《超越东西方》,北京:社会科学文献出版社,2013年。

> 当我回望她,我的心颤动了,因为:她是野地上的柔美风景,那里一切都和谐、平静、宁谧、璀璨、萌芽、拔节,喜庆而无喧闹,这,若非幸福,也比你的巨大激情更接近于它。"

吴经熊6岁时即奉父母之命,与立丰钱庄经理李亭山次女李友悌定下娃娃亲,二人同庚,均是1899年出生。1916年4月12日,17岁的吴经熊与李友悌成亲。他们婚后生活虽有波折,却波澜不惊,琴瑟和谐。1959年11月30日,李友悌去世后,吴经熊出版了悼念亡妻的诗集《怀兰集》。

对于传统的父母之命、媒妁之言而定的婚约,吴经熊也有不同于现代人的独到见解:"这般的订婚比诸自由的相亲更具尊严,因为它是天作之合。"一位比利时本笃会神父听说了吴经熊的故事,十分吃惊地问他:"你是说你在婚前真的没有见过你的妻子?这怎么会?"吴经熊反问道:"神父,你选了你的父母、兄弟姐妹吗?但你一样爱他们。"在吴经熊看来旧婚俗自有合理的基础,正如中国人的老话"姻缘五百年前定"。如若一个人自己选了对象,便有可能有时疑虑是否选对了,相反,倘若相信一切姻缘均出于天意,便无后悔的余地。

吴经熊、李友悌共育有14个子女,除了第十一个孩子秀士三个月大小的时候夭折,其子女如下:祖霖、祖禹、祖望、静安、静梅、亭林、季札、叔平、文秀、启文、秀士、兰仙、Lucy、树德。这13个子女成年后散落在世界各地,其中较为知名的有次子吴祖禹、五子吴季札。

吴经熊深受父亲影响,理性又感性,严肃又宽怀,大度又慈悲。他深知一个家族的兴旺需要所有家庭成员的共同努力和持之以恒。如果把家族比喻成一棵树,那么父母就是尤其关键的树根,树长得好不好,关键取决于树根扎得深不深;树干直不直,主要取决于根正不正。他也懂得中国传统中家训文化的重要作用:弘扬传统文化和价值观;规范成员行为,防止不道德行为发生;建立良好家族形象,增强社会公信力;培养家庭成员的责任感和自律性,增强自我约束能力;帮助成员建立正确的人生观和价值观,增强成员的道德素质;提高家庭的组织效率,降低管理成本等。

为此,他写下了这样的《吴氏家训》:

"重孝悌,凡我族吴氏,孝顺父母,尊敬长辈;友爱兄弟,和睦族人,是为至上。祖宗功德,天高地厚,无所用其补报。我吴氏后裔,务于岁时节序,瞻仰祭祀,念祖怀宗。孝顺之道,重在养亲,贵在顺亲,于内事亲一片爱心,于外为父母争光,免除父母惦忧。兄弟友爱,兄友弟恭;团结互助,勿因毫末起争端,勿因内室起萧墙,务使三让至德家风源远流长。重修身,恶不可积,善不可失。成人之美,不成人之恶。己所不欲,勿施与人。择友而交,敬人者,人恒敬

> 之。勿以贵轻贱,富骄贫,强凌弱,智欺愚。勿以谗言伤手足,勿以细节伤大体,勿以势力逐高低。务本业人有常业不至于饥寒,富贵有业不至于为非。凡我族人须节俭持家,勤劳致富。无论何业,均应专心致志,有所作为,有所成就。治身之道,务本为先。勿追逐于浮名,勿孜孜于末利。尚读书。吴氏崇尚读书,不止为造就人才,博取功名,更重要是变化气质,提高素质,社会进步固然重要,而人才更为重要,凡我族人,欲求子孙屹立于社会,事业发达,繁荣昌盛,务必崇尚读书,把造就人才视为百韬之首,大事之大。"

吴经熊的家庭意识中洋溢着一种敬畏天地、敬仰自然的人生态度。他说他的生日很舒服地夹在道教(老子生日)与佛教(观音娘娘生日)之间,并且距离孔子的祭日也不远;他母亲的精神帮助他理解道家,父亲的精神帮助他理解儒家,中国三大思想好像齐聚了来当他的精神奶娘。

他曾经回忆自己6岁开始学习人生的第一本书——《二十四孝》。他一直记得第一课舜的故事,尤其是结尾的诗句"群象犁地,众鸟播种,继承尧位,孝动天地",其中天意的基本原则既为传统文化的基本内涵,也为吴经熊所接受。给他影响最深的还有老莱子的故事,他觉得老莱子其实是西方某些基督教圣人的原型。他喜欢的另一部启蒙书是《诗经》。在哥哥们的诵读中,他被"木瓜诗"迷住了。此后这首诗在他心里萦回了40多年。他认为这首诗体现了中国艺术的理想:海洋一般的印象,水晶一般的表达。还有,孔子给他留下了诚实、爱知和快乐的精神,孟子关于"天爵"、人爵的看法和他的入教观念十分相通。

他对中国三教有如下论述:"在社会关系上,中国人是按照儒家学说为人处事的,同时得到了道家避世思想的平衡,但在他们内在的生活里追随的却是佛教思想。"① 这个神来之笔可谓见地高明。不过最终他认为是基督给了他善意,让他沉浸于旧传统,享受其氛围,使中国三教成为他的"天然嫁妆"和教师,把他带到基督那里,帮他找到信仰中的正义。

就是因为对生命有过沉潜思考,吴经熊的人生得到了升华,引领众多子女和孙辈积极进取却淡泊名利,创造人生也享受人生,像蒲公英一样悄悄盛开在世界各地。

---

① 吴经熊:《超越东西方》,北京:社会科学文献出版社,2013年,第132页。

第四章

谢觉哉 ▶ 常求有利别人,不求有利自己

未曾沙场驰骋,却有笔下成绩

谢觉哉(1884—1971),名维鋆,字焕南,别号觉斋,湖南宁乡人,1925年加入中国共产党。中国共产党的优秀党员、"延安五老"之一,"长征四老"之一,中华人民共和国司法制度的奠基者之一,著名的法学家和教育家、杰出的社会活动家、法学界的先导、人民司法制度的奠基者。

谢觉哉是中国共产党的元老,曾担任过毛主席的秘书长,并在中华人民共和国刚刚成立时被任命为第一任内务部长。历任最高人民法院院长,全国政协副主席等职务。他的一生经历跌宕起伏、贡献卓著,被誉为是中华人民共和国建设史上的杰出人物之一。

谢觉哉终生勤奋,写有大量日记、著作和诗词,已经整理

出版的遗作有《谢觉哉文集》《谢觉哉日记》《谢觉哉杂文选》《谢觉哉诗词》等。

孜孜以求革命路

谢觉哉，1884年（清光绪十年）4月27日生于宁乡县沙田萧家湾。早年从李藕苏读书。20岁应试，取秀才，后教私塾。

27岁时，他考入湖南商业师范讲习所（旋改为湖南中等商业学校），毕业后到宁乡县云山高等小学堂任教。他和一同执教的何叔衡、姜梦周、王凌波革新教育，引导学生关心时事与政治。五四运动后，谢觉哉受《新青年》《湘江评论》等进步书刊影响，积极发动学生和工农群众，进行反帝反封建斗争。1920年，受何叔衡之邀到长沙主编《湖南通俗报》。由于积极宣传民主思想，受到排挤去职。后协助毛泽东、何叔衡办理平民夜校、工人夜校。1921年，加入新民学会。同年6月29日，他在日记中写道："午后六时，叔衡赴上海，偕行润之，赴全国（共产主义者）之招。"寥寥数语，成为何叔衡、毛泽东参加中国共产党成立大会的历史见证。

1924年国共第一次合作后，谢觉哉参加中国国民党。先后创办和主编《湖南半月刊》《湖南民报》，积极宣传民主革命，抨击封建军阀的统治。次年，加入中国共产党。1927年春，任湖南省审判土豪劣绅特别法庭委员，坚决镇压了一批罪大恶极的土豪劣绅。还写有《国民革命与工农阶级的关系》等重要报告和文章,对推动湖南的革命运动起了积极作用。大革命失败后,他接受中共中央指示,于1928年到上海主编中共中央机关刊物《红旗》和《上海报》。1931年秋,奉命到湘鄂西苏区,担任省委政治秘书长。后主编《工农日报》兼任文化部副部长、党校教务长。两年后,调中央苏区,任中华苏维埃共和国临时中央政府和毛泽东的秘书,后当选为中央政府秘书长、内务部部长,又兼任中央政府机关党总支书记。其间,他主持和参加起草工农革命政权的《劳动法》《土地法》《选举法》和《婚姻条例》等革命法规。长征时他虽已年过半百,但仍精神抖擞,战胜困难,一往无前。

1935年10月到达陕北后,历任中央工农民主政府西北办事处内务部部长、秘书长、司法部部长、代理最高法院院长,并任审计委员会主席等职。在此期间,他曾举办中国革命政权下的第一个司法训练班,为中国革命政权培养了第一批司法人才。

抗日战争全面爆发后,他奉命赴兰州,任中共中央和八路军驻兰州办事处代表。为建设甘肃党组织和抗日民族统一战线工作,做出贡献。1939年2月,从兰州回到延安,担任中央党校副校长。在教学上,他坚持理论联系实际的学风,并针对学生的特点亲自编写《中国共产党》《党员》《怎样做一个好的共产党员》《党支部工作》《民主集中制》等党建教材和讲稿。

1940年10月,任中共中央西北局副书记、陕甘宁边区政府秘书长、政府党团("七大"改党组)书记。后任参议会副议长。他在陕甘宁边区工作6年,坚持走群众路线,广泛团结民主人士,尤其是和党外人士李鼎铭、李丹生、续范亭等亲密交往,为党赢得了众多朋友。并发表《论边区民主政治的实际》等40余篇论文。主持起草《陕甘宁边区选举法大纲》等,对建设和发展"三三制"抗日民主政权,取得了显著成绩。在整风期间,发表《怎样做县长》《炉边闲话》《一得书》等短文百余篇,对边区干部的思想整顿产生了良好影响。

1945年4月,参加《关于若干历史问题的决议草案》的讨论,并作为正式代表出席中国共产党第七次全国代表大会。1946年,任中央法律问题研究委员会主任委员。1948年8月,被任命为新成立的华北人民政府委员、司法部部长。1949年7月兼任中国政法大学校长。先后主持起草《县区乡组织条例》《县市人民代表会议选举条例》,以及《新民主主义宪法》《民法》和《惩治战犯条例》等初稿,为迎接全国解放做了立法准备工作。

中华人民共和国成立后,先后担任中华人民共和国政务院委员、中央人民政府内务部部长和法制委员会委员、政务院政治法律委员会委员等职。

1959年,他虽已75岁,仍担任最高人民法院院长。为了纠正当时"左"的错误指导思想,他23次到各地视察,亲自指导纠正一批冤假错案。他坚决主张依法办事,人民法院应该独立行使审判权,反对有法不依、执法不严和以言代法的现象。

在中共第八次全代表大会上,谢觉哉当选为候补中央委员,后递补为中央委员。他是第一、二、三届全国人民代表大会代表。1971年6月15日谢觉哉去世,终年87岁。

淡泊明志,宁静致远

谢觉哉在官场上清廉、公正、刚正不阿,在生活中也能正确对待自己的亲人与家乡。

谢觉哉与在湖南老家的原配妻子何敦秀育有四男三女,参加革命后和女红军战士王定国育有五男二女,加上后来代抚养的侄儿女、孙儿女们,不下三四十人。谢觉哉在处理家事过程中所表现出的家风,值得人们学习。

谢觉哉1884年生于湖南宁乡,是清朝的末代秀才。1899年,15岁的谢觉哉与长他5岁的何敦秀结婚,这是中国农村典型的传统婚姻。何敦秀出身中医世家,父亲是清朝举人,家教敦厚。谢觉哉参加革命后,颠沛流离,出生入死,家里生活就完全靠30亩水田。尽管家里遭到敌人的多次迫害,但何敦秀仍旧顽强支撑着。

1937年春,到延安后的谢觉哉首次给何敦秀写信,赞她是位"不平凡的女子",并流露出对于自己在外参加革命、无法照顾妻子的愧疚之情:"家庭生活儿女婚嫁的事,我从来没有管过,现在更来不及管。这副繁重的担子,压在你的肩上,已把你压老了吧!我呢,连物质上给你的帮助,都很少很少,这是对不起你的事!"谢觉哉坦言:"……可惜得很,我虽敬爱你,却不能喊你做同志,因为社会制度的原因,使得我俩的精神隔离开了,因而也把我俩的形体隔离开了。"在信中,谢觉哉用一首五言长诗表现了自己的革命信念:"家乡时入梦,风景依稀中。园韭绿如褥,庭松苍似龙。稚子已逾冠,雏孙正应门。别离何足惜,贵不负初衷。国破家宁在,貌衰心尚童。偶因朔风便,一纸当告存。"

不久,在组织的安排下,谢觉哉、王定国在兰州举行了婚礼。1939年何敦秀60大寿之际,谢觉哉写信给她祝寿,工工整整的蝇头小楷写满了4张大纸:"四十一年前的秋天,我和你结婚了,那天,不记得谁在房里唱'送子',我的外公拉我进去,说是什么'大事'。现在我俩的孙男女都已十多岁了,你看时间过得多么快!"

中华人民共和国成立后,何敦秀多次要求进北京,谢老难以答应这个要求。在谢老看来,战争阻隔、革命需要已经使得前一段婚姻归于终结了。在何敦秀提出进京要求后,他先是不予回答,待她由生气转而冷静些之后,再从多个方面慢慢开导她。1951年9月,谢觉哉给何敦秀写去最后一封亲笔信,针对她提出要来北京的要求,明确表示:

> 我的意见,你不来北京为好,理由如下:第一,我们离开了二十多年,我在外又有了家。你如来,很不好处置,要发生纠纷。现是新世界,和旧世界不一样。你我都是上七十的人了,经不起烦恼,对我不好,对你也不好……第二,经过了一年,家乡当已知道我是在做'工',而不是在做'官'。共产党是一种特别的人,他不能多拿一个钱,他的生活不能比一般人高。第三,你现在的眼睛,不要望着我,要望着孙子们,他们才是有前途的。我们的希望就是后代。第四,我快七十了,我的先辈、家人都没活上六十的。你如记及我,当作我早已死了就是。第五,我们不是再不能见面了。我并非下决心不回湖南。不过要有事才能回,因为我们是以身许国的共产党人。第六,晚辈和亲戚都说到生活困难,我都不能给他们满意的答复。国家有政策,能做事的有事做,孩子读书有公费。应该看清楚些,体会着新世界的事物。

就这样,谢觉哉理智、平和地处理了新社会一夫一妻婚姻制度下的家庭关系。

1937年抗日战争全面爆发后,在湖南老家的二儿子谢放,带上大哥卖掉一只母猪换来的盘缠,只身离开了老家前往延安。谢老感到特别高兴,并且告诫谢放说:"来延安不是为了挣钱养家,而是要下定决心干一辈子革命,要具有全心全意为人民服务的思想。"

谢放刚开始不但适应不了陕北的生活习惯，而且对严明的纪律和要求也都缺乏认识。谢放对父亲说："环境和生活条件都不如我想象的，怎么办？谁知真正干革命有这么难。"谢老严肃地说："你要经常保持积极性，阻力、不谅解、碰钉子是对你的磨炼。革命没有顺利的事，很顺利又何必要你呢？"谢老又说："宴安、享乐，没有人来责备，环境顺利是消蚀积极性的，这在无远见与无修养之人，容易被卷进去。"谢老还说："革命是考验人的。一个人是真革命，还是假革命，主要不是看嘴上的表白，而要看实际行动。你现在还不能说是一个真正的革命者。一个真正的革命者，不但要经受艰难环境的考验，而且要到生死关头去考验。并且还不能只考验一次，革命天天都在考验人。"接着，谢老回忆起长征时的战斗生活，告诉谢放要向长征路上英勇牺牲的同志学习，要向那些经过长征考验、现在还在继续流血流汗的同志学习。

1944年10月，党中央决定由王震、王首道率领359旅一部和中央机关部分干部，从延安出发南下开辟湖湘革命根据地。谢放感到这是父亲常说的"到生死关头去考验"的极好机会，便一面向自己的领导提出要求，一面请父亲写推荐信。谢老完全支持儿子的行动，上级也批准了谢放的请求。临行前，谢老满怀深情地在谢放的手册上题了12个字："不惧，会想，能群，守纪，勤学，强身。"

南下大军由延安出发后,战斗频繁,艰险备尝,而谢放也经受了实际斗争的考验。1945年国共签署"双十协定"后,谢老从一个领导同志的口中知道了谢放的情况,高兴地给谢放写去了信和诗。诗说:"念尔征途远,经年未得书。初投班子笔,曾绝太真据。饥病一呼起,枪囊万里俱。这番经历后,甘苦竟何如。"

1946年初夏,当南下大军从中原突围返回延安时,几乎每天都要作战。谢放和战友们一道凭着红心铁脚板,夜行昼伏,终于在9月回到了党中央的所在地延安。总结会上,王震司令员说:"谢老的儿子始终没有退缩。"谢老听了,知道谢放真正有进步,欣慰之中赋诗作勉:"历时二十二个月,走路一万几千里。喜你过家没通信,亦未中途离战营。险阻备尝识真伪,真理跟前看死生。这番经历应珍视,困学同时更勉行。"

谢觉哉有句名言:"常求有利别人,不求有利自己。"在日常生活中,谢觉哉常常抓住每个细节教育孩子。有一次,他的一个儿子上街没有买到皮鞋,回到家里便埋怨国家生产皮鞋太少,不能满足消费者的需要。谢老在家信中说:"我记得一九三七年党派我去兰州国民党统治区搞统战工作,公家给我买了一双皮鞋。到北京为了接待外宾,才买第二双,那时我已快七十岁了。你们小小年纪就穿皮鞋,且已穿过不止一双。我国出产皮鞋并不多,皮鞋供应怎能不紧张!"还有一次,谢觉哉的一个女儿请人代买火车票,由于没有沟通好而买重了。谢老批评女儿说:"是我有警卫员害了你们,害了你们连车站的门向东向西和买票的排队情况都不知道。"组织上分配给他的小汽车,凡是为私事动用的,谢老每次都付了车费。

谢老多次提醒子女要向本单位领导争取多下基层锻炼的机会。谢老听说要组织人下农村,就特地把50多岁的谢放叫到身边,对他说:"你虽是农村长大,又经过了战争环境的考验,但那是几十年前的事了。这些年来,你常住城市、机关,这样不好,况且也50多了,今后下去的机会可能更少了。这次需要人下去,你无论如何要争取去干一年,要同战争年代一样,同群众同吃同住同劳动,这样对保持革命晚节有好处。"谢放遵照父亲的叮嘱,到河北省衡水地区锻炼了一年。

谢老对自己要求极其严格。他第一次去旧居,湖南宁乡县委考虑他家里客人多,计划安排一个厨师帮助照顾生活,谢老当即婉言拒绝,并说饭菜要像平日一样,要家里人自己办。那时农村里供应油、肉有一些紧张,谢老嘱咐在家务农的儿子"不要去排队为我买油买肉","没油的菜也可以吃,只要有盐就行了","农民吃什么我也吃什么"。他还要求县委对他不要有任何特殊照顾。

1949年10月,谢觉哉出任中央人民政府内务部长的消息传到偏僻的家乡后,乡亲们认为是穷山沟里出了个大官,家里人也都想着去北京找个好差事。谢觉哉对此都给予了回绝，他回信道："你们会说我这个官是'焦官'（湖南方言，指不挣钱的官），'官'而不'焦'，天下大乱，'官'而'焦'了，转危为安。"谢觉哉还在信中写下一首诗："你们说我做大官，我官好比周老官（谢觉哉同村的雇农），起得早来睡得晚，能多做事即心安。"

对其子女和亲属，谢老同样要求极其严格。当时在湖南宁乡的儿子谢子谷到北京要求他安排工作。谢老说："全国刚刚解放，下头更需要人，你有文化，还是回家乡去工作好。"最后谢子谷遵照谢老的嘱咐，回到县里献身于党的教育事业。谢老在家务农的儿子谢廉伯也提出过工作要求，谢老给他的答复是："作田人还是要的。"他有很多亲戚在家务农，谢老从没有出面为他们安排过工作。中华人民共和国成立之初，谢老的一个妹夫写信要求帮助安排工作，谢老一直没有应允。妹夫后来又当面提出，谢老幽默地答复说："你要我安排你的工作，除非我回来当老百姓，你来当部长。"

1963年冬，谢老旧居附近一块山上的树木很快就要被人乱砍光了，谢老的一个儿媳和一个孙媳也砍了几株。公社考虑到种种原因，对她们经过批评教育后，决定不按乱砍滥伐的性质处理。谢老知道后，非常生气，立即指出："我的儿媳、孙媳违章砍树，应同样按乱砍滥伐处理，要没收，要罚款，并要她们在社员代表会上检讨，不只检讨一次，还要检讨无数次，一直检讨到她们栽的树长到一两丈高，群众不要她们检讨时，才不检讨。"为了这事，谢老又把在家乡工作的儿子、孙子叫到北京，要他们带着检讨书和罚款，从生产队一直检讨到县里。

这一切，都深深影响了他的孩子们，甘于在艰苦中安享一份平淡，做生活中安静的普通人。

第三篇

箕引裘随，自有后人

"衣钵相传自端的,老生无用与安心。"
——朱熹《次韵傅丈武夷道中五绝句(其五)》

  中国禅宗师徒间道法传授,常常举行授与衣钵的仪式,是所谓衣钵相传。

  学贯中西、有精神追求和文化信仰的法学家们,他们的家庭教育中不仅有血缘亲情的相濡以沫,更有家国情怀的传承、书香文脉的一系,这是家族生生不息的重要基因。

  法学家们的"衣钵"传家远胜于富贵传家,造就出薪火相续的下一代。

第一章

王宠惠 守得安静，才有精进

横刀立马，第一法学家驰骋国际疆场

王宠惠（1881—1958），民国时期著名法学家、政治家、外交家，历任外交总长、司法总长、国务总理、代理行政院院长、司法院院长、中央研究院第一届院士等职，曾受聘为国立复旦大学法学院教授，被推举为东吴大学董事长，也是中国在海牙国际法庭任职法官的第一人。

王宠惠广东东莞人，字亮畴，生于香港。受基督教家庭的影响，幼年入读圣保罗学校学习英文，课余则师从儒学名家周松石学习国文。10岁时进入香港皇仁书院就读，完成学业后考入中国第一所新式大学——北洋大学堂法科。1899年以第一名最优等生成绩毕业，由"钦差大臣办理北洋通商事务直隶总督部堂"裕禄亲自颁发"钦字第一号考凭"（即毕业证书）。

毕业证书中不仅记录王宠惠研修的课程,还印有其曾祖、祖父、父亲的名讳,以示表彰。这也是第一张中国大学毕业证书,目前收藏于天津大学。

之后,王宠惠先到上海南洋公学(今上海交通大学)任教,1901年转赴日本留学。留日期间,王宠惠与孙中山等革命党人来往密切,通过结社和办报,宣传革命和天赋人权、自由民主的观念。

1902年王宠惠赴美国留学,先就读于加利福尼亚大学,后转入耶鲁大学法学院获法律硕士和民法学博士学位。在美期间,协助孙中山起草了《中国问题的真解决》一文,成为孙中山代表革命派发布的首份对外宣言。

王宠惠在美国获得法学博士学位后转赴欧洲从事法学研究,在伦敦中殿律师学院获得了英国律师资格,还被选为德国柏林比较法学会会员。1907年,他将德文版《德国民法典》最先翻译为英文,成为英美国家各大学法律学院指定的必读课本,一举奠定了其在国际法学界的地位。在修订法律大臣沈家本1907年向光绪帝上呈"法学精研或才识优裕者"名单的奏折中,王宠惠作为知名法学家位居榜首。

1911年4月,王宠惠应清廷电召回国后,并未赴京就职而是南下参加了同盟会,投身辛亥革命。在孙中山的力挺之下,担任中华民国政府第一任外交总长,成为民国"开国元勋"。

王宠惠在北京政府和国民政府都曾任职至行政首长,1922年担任北京政府国务总理,1937年担任国民政府代理行政院长。而任职时间最长的则是法律职务，共计7次先后出任司法机关负责人，无论主持立法还是主政司法，都有开创奠基之功，堪称鼎力打造了"中国法律上的新纪元"。

从担任法律馆总裁、大理院院长直至司法总长、司法院长，王宠惠在清末修律的基础上，倾注大量心血对传统刑法进行改造，引入罪刑法定原则等资本主义刑法制度，完成了《刑法草案》。《中华民国刑法》即是在此基础上稍加损益而成，直接推动了中国刑法的现代化。作为国内比较民法学的权威，王宠惠还成为制定《中华民国民法典》的核心成员。

王宠惠不仅是刑法、民法的重要立法成员，而且还独立起草了国民政府宪法性文件《中华民国训政时期约法》的草案全文。约法使国民党一党专政政治体制得以合法化，但也明确了训政最终必须走向宪政的国家政治目标。特别是王宠惠作为民国元老、法学大家，深谙国父孙中山遗志，亲自主持起草《国民政府组织法》，全面落实了孙中山的五权宪法理论。自训政开始后，王宠惠作为宪政实施协进会成员，始终关注宪法的制定，致力于研究完善中华民国宪法草案，主张尽早实施宪政，并对宪法通过后施行宪政寄予了极大的希望。

在推进司法改革中，王宠惠除强调司法独立之外，还取消特种刑事临时法庭，裁撤各省最高法院分院，确定初审法院、高等法院、最高法院三级三审制改革，通过厘清审级关系来保障全国司法统一。同时，积极改良看守所及旧监狱，分期建成新式监狱，改善监狱设施；注重对服刑人员的教育培训，给予出狱后的就业帮助。

王宠惠积极维护中国司法主权的完整,力主收回治外法权。1928年6月,令人通知各国驻华领事,声明治外法权的协定不再续约,中国将重组上海临时法院,上海临时法院完全适用中国法律,为完全收回治外法权奠定了重要基础。

1937年3月3日至1941年4月10日,在抗战最为艰苦的4年中,王宠惠临危受命再次担任外交部长。期间,他不辞奔波劳苦,对外坚持宣传抗战,争取国际同情和支持;对内坚持抗战必胜立场,鼓舞民众士气,呼吁国民抗战。

第二次世界大战胜利后,王宠惠陪同中国代表团参加开罗会议,以精湛的国际法知识与出色的英文能力以及丰富的外交经验,促成开罗宣言以法律形式肯定了中国对东北和台湾的主权,极大维护了中国的国家利益。在建立联合国的过程中,王宠惠拟定的中方基本态度和对重要问题的基本立场,成为中国代表团参与讨论的依据。1945年6月26日,王宠惠等8人代表中国在联合国宪章上以中文签字,一举奠定了中国作为联合国缔约国和常任理事国的国际地位。

恰如孙中山对王宠惠的评价:"可抵十万雄兵。"

硕学丰功,法科外交官"可抵十万雄兵"

王宠惠生逢乱世,其祖籍是当年林则徐"虎门销烟"的广东东莞虎门镇。10岁时,他的父亲王煜初便开始与孙中山密切接触。王宠惠从懵懂少年开始,便受到孙中山的影响,心田种下了革命的萌芽。

1906年,王宠惠去英国留学,学习国际公法。但此时他的家庭已走下坡路,无力负担高额的学费。困境之下,王宠惠不得不向孙中山求助。正在从事革命活动的孙中山,手头资金十分短缺,正在世界各地奔波筹款。可是,当他接到王宠惠的求助信后,还是东挪西借凑了1500元,送给了王宠惠。

那时的1500元可不是个小数目,因此,这引起了跟随孙中山的一些革命军的不满,几个人便联合来找孙中山,希望这笔钱能用于革命,而非赞助一介留学书生。孙中山对他们说:"武装推翻清王朝叫革命,培养一个享誉国际的法学家,其力量可抵十万雄兵,同样也是革命。"从此,王宠惠"可抵十万雄兵"的说法便流传了开来。

学成之后,王宠惠作为民国第一法学家,在风起云涌的乱世之中,崇尚革命和知识,横跨政学两界。因此,他不仅有从政的丰富革命实践,还有众多的专业法学著述,实为"硕学丰功"。

深厚的法学功底和卓越的语言能力,使其在26岁时因英文译著《德国民法典》而一举成名,蜚声海内外。

除了对民法学素有研究之外,王宠惠一向关注自由民主的宪政学说,先后撰写了《宪法刍议》《宪法危言》等一系列的宪法学著作。《宪法刍议》作为代表作,系统阐释了王宠惠对宪法的认识与思考,探讨了中国宪政的顶层设计,不仅体现出深厚的宪法学修养和中国问题意识,而且引领了近代中国的宪政实践。

按照海牙国际法庭的规定,国际法官任期达到5年即可常年领取退休金。王宠惠从1931年上任至1936年还不到5年时,日本侵华战争一触即发,国民政府希望王宠惠尽快回国。国难当头之际,王宠惠公而忘私,为抗战毅然辞去国际法官之职,在离5年任期还有3个月的时候提前回国。王宠惠去世后,遗孀生活困难,顾维钧曾为其多次向国际法院申请退休金,国际法庭都因王宠惠提前3个月回国未达到最低履职时间而不予支付。

王宠惠虽然接受西式教育,求学日本、美国、欧洲,精通数国语言,但传统的家国情怀仍然深植心中。据胡适回忆,王宠惠认为西方事事不如中国,只有两件事是好的:一是请客吃饭只到一处,不重复,不许一餐赴数处;二是宴会很简单,不用许多肴菜,不糜费[①]。

传说中的小故事也颇有意味:1943年在伦敦的一次外交宴会上,一位贵妇人高傲地问王宠惠:"据说,贵国的男女都要遵从父母之命媒妁之言,不经过恋爱就结为夫妻,这样的婚姻能幸福吗?而我们,都是经过长期的恋爱,彼此有了深刻的了解后才结婚,这样的婚姻该有多么幸福美满哪!您说,不是

[①] 刘昕杰:《王宠惠评传》,载《政治法学研究》,2014(1)。

吗?"王宠惠面带微笑地说道:"两国男女的婚姻就像两壶水,我们的一壶是冷水,放在炉子上会逐渐热起来,到后来沸腾了。所以中国夫妻间的感情,起初很冷淡,而后慢慢就好起来,因此很少有离婚事件。而你们的一壶是沸腾的水,会逐渐冷却下来。听说英国的离婚率较高,是不是这个原因呢?"

兼容并蓄,博学笃行

作为中国第一名大学生、民国第一法学家的王宠惠,出生在香港一个基督教家庭,父亲王煜初是基督教华人自理会司铎,担任道济会堂主任。

王煜初共有六子,王宠惠是其第四个儿子。王煜初十分重视对子女的教育,不仅为他们聘请儒学名家讲授国学典籍,还从小把他们送入西式正规学校学习。在王煜初的督导下,王宠惠学习"西学"的同时,始终没有放松国文学习,自幼就开始接受双语教育,直至考入北洋大学堂、留学欧美,始终汲取东西方文化中的精华,而国学精神则是其人生底色。

王煜初不仅重视对子女进行中西合璧的教育,而且身体力行支持革命、勤于研究。他关心时政,曾上书朝廷痛言积弊,渴望国富民强,后转而同情革命。"耶稣之理想为舍己救人,革命之理想为舍己救国,其牺牲小我,求谋大众福利",因为共同的基督教信仰和对国家命运的关注,王煜初与孙中山成为志同道合的密友。为方便中文阅读,王煜初还参考外国文法,首倡使用中文标点,著成《拼音文谱》一书,开中文注音符号先河。

在王煜初的教育督导之下,他的六个孩子个个成才。如三子王宠佑,加州大学博士,世界最早的锑冶金专家之一,建立了中国第一个采用近代方法炼锑的锑厂,并任总工程师,是中国现代炼锑技术的开拓者,被誉为"中国矿藏之父";六子王宠益,英国爱丁堡大学医学博士,香港大学医学院病理学系系主任,香港大学医学院首位华人教授,中国微生物学会创始人之一,香港病理研究先驱①。

家庭的熏陶令王宠惠受益一生。聪慧敏捷的天性之外,他不仅认真刻苦研究学问,积极投身革命,为国家为民族竭忠尽智、鞠躬尽瘁;并且传承这一家教家风,在繁忙的政事之中,注重对独生子王大闳的全面教育。

王大闳1918年生于北京,在上海和苏州长大。他兴趣广泛,爱好文学、音乐及运动,更对机车有着狂热的喜爱,曾梦想长大做一名火车司机。苏州小学毕业后,先后就读于南京金陵中学与苏州东吴初中。1930年随王宠惠外派工作而前往海牙,13岁入瑞士夏德美中学,1936年入英国剑桥大学主修机械,后专攻建筑,1941年入美国哈佛大学建筑研究所学习,先后获得剑桥大学建筑系学士和哈佛大学建筑系硕士学位。哈

---

① 刘昕杰:《王宠惠评传》,载《政治法学研究》,2014(1)。

佛大学学习期间，他的指导教师是德国著名建筑大师沃尔特·格罗佩斯，与贝聿铭、菲利普·强生等为同班同学。

在王大闳成长过程中，王宠惠始终用基督教义和曾国藩家书来要求，不仅让王大闳认真研读，而且要遵照执行。这样一种"完整"文化养成的王大闳，兼具西方的自信与东方的谦冲。他在现代主义建筑风格中融入古典设计细节，主持修建国父纪念馆等多项台湾标志性建筑，成为中国现代建筑的先驱，被誉为建筑诗人，业内人士称之为"建筑师中的建筑师"。

古话说，诗书传家久。此说渊源于孟子："道德传家，十代以上，耕读传家次之，诗书传家又次之，富贵传家，不过三代。"的确，一个学贯中西、有文化追求和精神信仰的家庭，于乱世可出叱咤风云之士，于治世可出栋梁建设之才，这样一种赤心报国的传承，可谓经久不衰。

第二章

董必武 ▶ 所虑时光疾，常怀紧迫情

心系苍生为救世，不甘落后赴征程

董必武(1886—1975)，中国共产党的创始人之一，中华人民共和国的缔造者之一，杰出的无产阶级革命家、马克思主义的政治家和法学家。作为第一代领导集体成员和国家重要领导人，历任中央财经委员会主任，政务院副总理，政务院政法委员会主任，最高人民法院院长，全国政协副主席，中共中央监察委员会书记，中华人民共和国副主席、代主席，第四届全国人大常委会副委员长，堪称中华人民共和国民主法制的先行者。

董必武出生在湖北黄安（今红安）一个教书先生家庭，辈名贤琮，学名用威，字洁畲，号璧伍。自幼聪慧，5岁背诵《三字经》，17岁考取秀才。到武昌乡试时，因好奇朝衙门里张

望,被衙役以"窥探"罪名暴打,董必武认定"一个连看都不能看的政府是注定要灭亡的",遂弃考回乡。1911年武昌起义爆发后,他愤而剪辫,取原号的谐音为"必武",投身辛亥革命。

"重违庭训走天涯,不为功名不为家,

扭转乾坤终有日,神州遍种自由花。"

辛亥革命失败后,在十月革命的炮声中,董必武如饥似渴地研读马克思主义,坚定了中国革命"必须走列宁的道路"的信念。1914年留学日本,攻读法律专业。1919年创办私立武汉中学,以"朴诚勇毅"为校训,培养储备新型的革命人才。1920年在上海共产党早期组织的指导下,董必武与陈潭秋等创建了武汉共产党早期组织,到上海参加中国共产党第一次全国代表大会,成为党的主要创始人之一。之后,董必武等组织成立了武汉地区中共组织的第一个正式领导机关——中共武汉地方委员会。

大革命失败后的白色恐怖中,董必武根据党的指示东渡日本,后到苏联学习。1932年回国后,在革命根据地先后担任马克思共产主义学校教务长、副校长,中央党务委员会书记、最高法院院长等职。1934年10月,参加长征到达陕北后,担任中央党校校长。

在两次国共合作和中华人民共和国成立前后,董必武进行了一系列丰富而卓越的统一战线工作。1944年党中央在给其60大寿贺电中予以高度评价:"现在你正代表着党站在抗日民族统一战线的前卫地位,高举着毛泽东同志的旗帜,不屈不挠地奋斗着。你是中国民族解放、社会解放的老战士,你是中国共产党的模范的领导者之一。"

1948年9月,董必武担任华北人民政府主席,并率领华北人民政府机关迁到北平,形成中央人民政府的雏形。在新政治协商会议筹备会上,他领导起草《中华人民共和国中央人民政府组织法》(草案),为成立中央人民政府提供了法律依据。1949年10月1日,董必武站在毛泽东身边,作为毛泽东的亲密战友、党的创始人、中华人民共和国缔造者,参加了举世瞩目的中华人民共和国开国大典。

董必武是中华人民共和国法制建设的重要开创者。土地革命时期,担任中华苏维埃共和国最高法院院长,主持中央革命根据地的司法工作。第二次国共合作时期,领导和推动各党派、各界人士组织宪政促进会,1945年还作为中国代表团成员之一,出席在美国旧金山举行的联合国制宪会议,在联合国宪章上签字。

中华人民共和国建立后,董必武任政务院副总理兼政治法律委员会主任,全面指导内务部、公安部、司法部等机构的工作,是党和国家政法方面的主要领导人。在政法工作中,他始终强调加强党对法制建设的领导,强调"国家没有法制,就不能成为一个国家""建立为人民服务、方便人民的法律制度";指出法制的中心环节是依法办事,"反对一切随便不按规定办事的违法行为","公安、检察、法院和一切国家机关,都必须依法办事"①;主持起草《政务院关于加强人民司法工作的指示》及《人民法院组织法》《人民检察院组织法》等重要法律,明确了人民司法工作的性质、任务,建立了各项审判制度;领导成立中国政治法律学会等学术团体,筹建中央和各大区的政法干部学校,积极促进法学学科的建设和法律人才的培养。

宝剑锋从磨砺出,梅花香自苦寒来

董必武和夫人何连芝育有两子一女。长子 1938 年出生,取名"良羽",董必武寄希望这一代长大后,国家工业腾飞,能够建造大飞机。女儿 1941 年出生,次子 1945 年出生,分别取名"良翚""良翮",在"羽"字的基础上,又深化为羽毛的颜色、鸟翎的茎,寓意人生当志存高远。为此,他曾专门给董良翮写有一首诗:"取劲宣为字,谓尔将成人。如鹏飞有意,标指向天津。"

董良翮作为次子,幼年时尤其受到父亲疼爱,可以在父亲办公室里面随便翻找好玩的东西,可以把印章镇纸摆到地毯上,像开坦克、开汽车那样推着跑。深夜还可以不回自己房间,睡在办公室地毯上,等父亲回家……虽然父子情深至此,可当董良翮 1968 年高中毕业时,依然被父母送到农村,因为

---

① 《董必武政治法律文集》,北京:法律出版社,1986 年,第 2—3 页。

董必武说:"干部子女不能特殊,良翻还是下乡插队去!"① 董良翻不负父亲厚望,埋头苦干,插队落户长达10年,直到父亲去世4年后才返城。

董必武不仅非常重视孩子们的课业学习,还十分关注每个孩子的个性。首先是客观理性,定位清晰。他判断女儿读书的天分属于中等,告诉女儿期望中学课程门门都学好是困难的,应当学习毛主席军事学中的战术原则,缩短战线打歼灭战。其次是循循善诱,进行学习方法指导。让女儿"聚精会神地听讲课,除数学等课外,下堂后马上将课文看一遍,不懂的地方记下来问老师或同学,自己择重点课,用百分之三十至四十的自习时间温习"。三是亲自动手,制作学习卡片。董必武发现侄子董良泽俄语发音不准、学习方法不对。他就用旧台历裁成两公分宽十公分长的条子,赶写了300个俄语单词卡片,特地用线绳串好交给侄儿,反复叮嘱其好好学习。四是布置写作任务,亲自修改。每个寒暑假,除了完成学校的各种作业外,还要求孩子们写日记、周记和作文,日理万机之中不忘亲自加以修改。

董必武对儿女平等相待、民主协商,从不高高在上,对孩子指手画脚。女儿曾在信中批评父亲性子急,董必武回信虚心承认:"我不仅性子急,对人的态度也过于严厉,有使人不敢接近或接近而不能尽其词的地方。"并保证坚决改掉,表示一

---

① 载《中国纪检监察杂志》,2016年(9)。

旦有重犯的情况,恳请女儿提醒自己。

董必武还经常通过讲故事的方法,告诉子女做人的道理。他借助京剧的表演程式——主帅出来前都有跑龙套的人先登场,常常称赞跑龙套的人很不简单,缺一不可,不可忽视。教育孩子要学会"跑龙套",不要老想当主帅,人的一生要甘当配角,"为人处世要吃得亏","做人要有规矩"……87岁高龄时,还给侄儿亲笔题字:"峣峣者易缺,皦皦者易污;《阳春》之曲,和者必寡。盛名之下,其实难副。"(《后汉书·黄琼传》)又题:"人贵有自知之明。""经常想一想自己的弱点、缺点和错误。"[1]

父爱如山,舐犊情深

作为党和国家的缔造者,董必武戎马一生,功勋卓著,建国后一直身居高位,兼任多项要职,但从不居功自傲,而是把自己比作一块抹布,任劳任怨,不在意个人得失。1959年庐山会议后,更是主动上书毛主席,要求不再担任最高人民法院院长,"将来在政协安一个没有实际工作责任的名目就够了"。这种高风亮节的品质,体现在对子女的人格教育上,就是要求子女有配角和龙套意识,谦和为人,有自知之明,懂得吃亏,能够吃亏,将自己融入到平凡的世界之中。

---

[1] 湖北省社会科学院组编:《忆董老 第2辑》,武汉:湖北人民出版社,1982年。

董必武学识渊博,国学功底深厚,法学造诣尤高,在中央苏区时期就与何叔衡、林伯渠、徐特立、谢觉哉等同志被尊称为"五老",但依然几十年如一日,始终坚持读书学习。虽然早年就掌握了英、法、日三种外语,但65岁时又开始学习俄语。到八九十岁高龄,仍然自谦"纷纭万有识之微"。直到去世前的一个月,还深夜阅读文件和书报杂志……这种终身学习永不自满的境界,就是最好的身教。身教之外当然还有言传,他一直勉励子女和所有亲属晚辈们,要有计划地持之以恒地学习。这实实在在的董氏规矩,在家庭中营造了良好的家风和浓郁的书香。

爱学习,更会指导学习、教会学习。董必武注重孩子的学习,亲自指导孩子学习。他没有盲目地望子成龙、望女成凤,而是尊重孩子天性,根据孩子的特点出谋划策,有战略有战术,如同将军在指挥作战。还不辞辛苦,亲自动手为孩子制作学习卡片、修改文章。这种充满理性光辉又具有实际成效的学习指导,让孩子不仅提高学习成绩,更重要的是学会了如何学习,正所谓"授人以鱼,更授人以渔"。

董必武虽然是革命元老,党和国家的开创者,但从不自视特殊。对待子女,不允许他们利用自己的职务去谋私利,而是让他们自立自强,认认真真做人,老老实实做事,无论是进厂工作还是插队落户,都与百姓子女一样。不仅如此,自己与子女之间还做到了倾心交谈,不搞"一言堂",能够接受子女批评,承认自己的缺点。这种民主平等的意识难能可贵,这种家长风范令人敬佩。

在孙男娣女、亲戚众多的大家庭中,家事繁杂不断,董必武总是不厌其烦,关心每位家人的身体健康,关爱每个子女晚辈的健康成长,是温和的长者,更是慈爱的父亲。"文革"期间,次子董良翮被迫害两次坐牢。他私下里说,儿子是替他在坐牢,他在诗中写道:"闻尔重入狱,吾衰心更惊!卧床苦无梦,食饭竟忘盛……"舐犊深情、悲愤之意,溢于言表。这种细腻深沉的亲情之爱,更让人们感受到了董必武的人性光辉,正是"无情未必真豪杰,怜子如何不丈夫"!

第三章

周鲠生 ▶ 谁言寸草心,报得三春晖

中国近代国际法之父

周鲠生(1889—1971),国际法学家、外交史家、教育家、中央研究院院士,中国第一部宪法起草的四位顾问之一。

周鲠生又名周览,湖南长沙府长沙县人。早年留学日本,加入同盟会。后留学英法,获爱丁堡大学博士学位及巴黎大学国际法学博士学位。历任国立北京大学、国立东南大学、国立武汉大学教授及校务长。1939年赴美国讲学,回国后任国立武汉大学校长,兼任中央研究院院士。中华人民共和国成立后,1956年加入中国共产党,历任中南军政委员会委员兼文教委员会副主任、外交部顾问、外交学会副会长等职。

周鲠生不仅是我国现代国际法学的泰斗,也是一位著名的教育家,对我国高等教育做出了突出贡献。在民国时期,提

出高等院校既要普遍发展,也要重点发展。认为:"到处办校的结果,反倒无力补充好学校,与其多办学校,实在不如集中几个比较好的学校来充实。""倘若不能容纳更多的学生,又怎能负起一等大学的责任呢?"武汉大学在周鲠生担任校长期间,取得了实质性的长足发展。除原有的文、法、理、工 4 个学院外,又恢复了农学院,增设了医学院,使武汉大学成为一所包括 6 个学院在内的多学科综合性大学。

周鲠生作为中国近代著名法学家,不仅在国际法领域成就卓著,在法理学、宪法学等学科也有众多成果。其著作主要有:《国际法大纲》《近代欧洲外交史》《近代欧洲政治史》《现代国际法问题》《非常时期之外交》《国际政治概论》《国际公法之发展》《不平等约十讲》《万国联盟》《领事裁判权》《近代国际政治小史》等。此外,他还在《东方杂志》《武汉大学社会科学季刊》等刊物上发表了众多的国际法学和时评论文。这些学术成就,奠定了周鲠生在中国近代国际法学界的创始人地位,使他成为公认的中国近代国际法之父。

日进不已,苦难孤儿留学海外卓然成为一代大家

1889 年 3 月 6 日,周鲠生出生于一个清贫的教书先生之家。4 岁丧母,10 岁丧父,庆幸的是,他得到了祖父的朋友苏先烈(时任长沙知府)的器重,得以留在苏家私塾中伴读。苦

读三个春秋之后,以锦绣文章考取秀才,时年13岁,"神童周览"在当地传为佳话。随后,领取官费,就读于谭延闿创立的湖南省立第一小学(今湖南第一师范学院)。

17岁的周览,1906年获得官费留日的机会,入早稻田大学攻读政治、法律、经济等学科。在日本留学期间,周览痛恨清政府的腐朽没落,发奋读书的同时,参加同盟会,积极投身反清活动。辛亥革命前赶回国内,与李剑农、杨端六等人在汉口创办《民国日报》,宣传民主革命,反对袁世凯称帝。由于报社遭到查封,编辑被通缉,周览只身逃到上海,从此改名周鲠生。后得到黄兴的帮助,并获湖南省官费,于1913年再度离国赴英国爱丁堡大学学习。

1921年底,周鲠生在英国获得法学博士学位,回国后在上海商务印书馆任编辑及法制经济部主任。第二年应蔡元培邀请,赴北京大学任教授兼政治系主任。1926年,轰轰烈烈的北伐战争开始后,他放弃北大教职,南下赶赴广州参加革命,进行中山大学筹备工作,后随北伐军来到武汉,并主动请缨要与革命青年一同继续北伐之路。

不过,这位爱丁堡大学法学博士更擅长的是自己的国际法知识。他写就《领事裁判权问题》,从国际法角度论证侵害国家主权的领事裁判权"断乎不能任其存在"。1926年冬,应武汉国民政府外交部长陈友仁之邀,周鲠生担任外交部顾问,他为收回"国权"四处奔走,积极协助国民政府以"革命外交"之手段,收回了汉口、九江英租界。可谓为废除不平等条约,贡献了一介书生所能贡献的全部力量。

北伐胜利后,周鲠生先后担任南京大学教授兼政治系主任、武汉大学教授兼政治系和法律系主任、南京国民政府行政院参议。1932年,英国李顿爵士率领"国联调查团"来我国调查九一八事变,某些人竟然说事变起因于抵制日货,是反日运动所造成,严重偏袒日方。周鲠生在与调查团的谈话中,引经据法,结合事实与证据,有力地驳斥了李顿调查团某些人的片面之词。抗日战争期间,他运用国际法学知识四处进行演讲鼓励民众抗战,仅为武汉大学师生演讲已公开发表的讲稿就不下30篇。其中,《日本对华侵略政策》《东省事件与国际联盟》等,都成为国际法后世学者必读的经典檄文。

从1932年7月开始,身为学者的周鲠生凭借着渊博的国际法知识和对国际关系形势的准确判断,更深入地参与到政府抗日的最高决策中。战事一开,周鲠生就提出,不能做一国单独出兵援华的准备,要注意避免成为妥协外交的牺牲品,应该在持久抗战的局势下,策动一种基于英美合作之上的国际或联合的干涉行动。他认为,在世界上侵略与民主两大集团初现端倪的时刻,"中国的利益与命运与世界民主国相联系",对德意两国日益有害于我国的政策,"决不能作与吾有利之期望"。这一判断,不但被第二次世界大战的事实所印证,还在很大程度上影响了抗战的方向。1939年9月,周鲠生赴美讲学并担任出席太平洋学会年会的中国代表。1945年,出任联合国组织会议中国代表团顾问。

抗战即将胜利的前夕,国民党政府教育部于1945年7月初任命周鲠生担任武汉大学校长。在他担任武大校长期间,精心筹划迁校复员武昌,恢复农学院和设立医学院,创办和恢复了一度被停办的刊物,教学质量和学术水平不断提高,武大获得了长足发展。1948年初,谢绝了国民政府请其出任教育部长的邀请。

武汉临近解放时,白崇禧曾命令武汉大学迁校桂林,周鲠生在学校迎接解放的座谈会上公开表态:"在任何情况下,决不迁校!"同时,对学校安全和师生生活作了妥善安排。临危不乱的明朗态度,具体细微的周到安排,将武汉大学完好无损地交给了人民政府,为中华人民共和国的高等教育事业做出了重要贡献。

辛勤耕耘国际法学讲坛20余年,周鲠生常以"以日进不已之精神,做继往开来的工作"来勉励学生,培养和造就了一批国际法学人才。正直的为人,平易近人的作风,使他深受师生的尊敬和爱戴。为了永志周鲠生对武大的贡献,学校专门设置了"纪念周鲠生法学奖学金",以激励后学传承其精神遗产。2005年11月29日,周鲠生塑像在武汉大学新学院大楼落成。

中华人民共和国成立后,周鲠生主要从事外交和立法工作,历任外交部顾问(三位顾问之一)、中国人民外交学会副会长、第一届至第三届全国人大代表及人大常委会法案委员会副主任委员。1953年受聘担任宪法起草工作法律顾问。毛泽东在发现宪法草案讨论修改稿增加了一款"批准和废除同外国缔结的条约"后,批道"此条应采纳周鲠生意见"。周鲠生认真研究和深入思考后,建议改为"决定同各国缔结的条约的批准与废除"。这一改动,得到了毛泽东的认可。

周鲠生还为恢复我国在联合国的合法席位进行了一系列的工作。亲自审定中华人民共和国的英文国名为 the People's Republic of China,建议使用"中国人民志愿军"的名称赴朝作战等,为我国外交斗争赢得了较大空间。

路漫漫其修远兮,吾将上下而求索

对于儿女而言,周鲠生一生的历程,就是一部感人至深的励志故事。

周鲠生4岁丧母,10丧父。在湖南省立第一小学读书期间,他是首批考取该校年龄最小的学生。由于先天营养不足,后天失调,仅仅靠微薄的官费读书,又无父母周济,周鲠生衣不暖体,食不果腹,体质瘦弱,经常晕厥。但是,他依然好学不懈,各科成绩名列前茅,文赛必得奖,是一个坚强独立、从孤拔中崛起的顽强少年。

在日常做人方面,周鲠生虽然平日沉默寡言,但秉性耿直,在关键时刻总是不畏权势,仗义执言。在一次抗议学校当局欺压学生的学潮中,因带头"闹事",被学校开除。然而校长又惜才,遂又批准他官费留日。正是这样,1906年17岁的周鲠生才能够告别故乡只身东渡日本,在早稻田大学攻读政治、法律、经济等学科。成年之后的他更是为人正派,为社会做了很多有益的事,赢得了人们的敬佩。

辛亥革命前,周鲠生由日本回国与黄芳君完婚。夫人黄芳君出生于湖南望城名门旺族,黄家长辈明知周鲠生是一个"上无片瓦,下无寸土"的贫寒青年,却委托苏先烈和谭延闿为媒,将长女许配与他。

在日本留学期间,周鲠生不仅刻苦读书,而且积极投身革命。在欧洲留学的8年时间里,他取得了爱丁堡大学政治硕士学位,还获得一枚金质奖章。随后又去法国深造,获得法国巴黎大学国际法学博士学位。

父亲走过的路、做过的事、取得的成就,都成为儿女的精神财富和心灵营养。

让孩子们牢记在心的,还有周鲠生对教育的热爱,对人才的珍惜。他长期从事教学实践,当教务长和校长时也没有脱离教学岗位,开设的课程多达五六门。在北大讲课深受学生欢迎,连教室的窗台上都坐满了旁听的人。周鲠生爱惜人才,尊重人才,在美国时亲自到许多大学去物色教授,韩德培、吴于廑、张培刚就是他当年到哈佛大学邀请来武大任教的3位青年教授,当年的武大也因此各个学院都有年轻的教授。他还敬佩蔡元培先生兼收并容的气度和精神,邀请蔡元培到武大开设讲座。因为有周鲠生,当年的武大建立起了一支学术力量很强的师资队伍,享有很高的声誉和地位。

与此同时,周鲠生十分爱惜学生。在强权和恐怖之中,为保护学生,多次冲在前面,竭尽全力。1947年6月1日,武汉大学发生了震惊全国的"六一惨案"。国民党军警持枪杀害学生3人,打伤多人,还捕走了进步教授和学生。当时,周鲠生正在南京,闻讯后立即飞回武汉。他看到惨死的学生,悲痛欲绝:"我决心全力争取惨案的合理解决,被捕师生立即释放!"由于全校师生的斗争和他的奔走呼号,迫使国民党当局撤销了武汉警备司令彭善的职务,释放了被捕的师生,从优抚恤了死难烈士的亲属,并保证不再发生类似事件。1948年8月,国民党"武汉特种刑事法庭"以传讯的名义加害18名进步学生。周鲠生明确表示,由校方、教授会及学生自治会的代表护送学生出庭,并成立以韩德培教授为首的法律顾问委员会为学生辩护。由于师生的配合斗争,被传讯的学生很快获保释放。1949年元月,国民党特务在武昌戈甲营逮捕了7名准备赴解放区的进步学生。消息传来,学生自治会代表找周校长出面要人。周鲠生坚决地说:"只要你们打听到下落,我可以去要人!"由于周鲠生和武汉其他民主人士的努力及学生的斗争,迫使国民党当局释放了被捕的学生。

周鲠生与夫人黄芳君育有二子二女。大女儿周如松、女婿陈华癸获得伦敦大学博士学位时,正值中国抗战最艰苦的时期,两人毅然同船回国为多灾多难的祖国服务。小女儿周小松、女婿周镜留学美国,专业成绩也非常突出,他们在中华人民共和国成立不久同船回国参加祖国建设,周小松做文化部对外文委的高级编译,她的丈夫周镜则是院士,周家是翁婿两代三院士。

周鲠生的儿子周元松和周幼松,20世纪40年代就读于上海交大,一个学机械,一个学造船,毕业后在台湾工作,各有建树。

后来,周鲠生的孙辈后代基本都各有所长,都很优秀。

屈原的"路漫漫其修远兮,吾将上下而求索"已经成为周鲠生家族代代相承的一种人生态度,一种精神财富,一种人生状态。

第四章

曾炳钧 ▶ 栉风沐雨,玉汝于成

江山出人才,独自领风骚

曾炳钧(1904—1994),法律史学家,政治学家,经济学家。四川泸州人,字仲刚,学生时代曾用笔名孙振纲。

虽然幼年丧父、少年丧母,但在叔父、伯父和舅父的供养接济下,曾炳钧发愤读书,1925年考取清华,成为清华大学部的第一届新生。1934年考取清华第二届公费留美生,先后获伊利诺伊州立大学经济学硕士、哥伦比亚大学政治学博士学位,博士论文为《中日冲突在英国议会中的反映》。

1941年学成归国后,历任云南大学教授、重庆国民政府经济部参事、武汉大学教授兼政治系主任、清华大学教授兼政治系主任、《清华学报》编辑、北京大学兼任教授、北京政法学院(今中国政法大学)教授。在北京政法学院任教期间,担任国家与法教研室主任、中国法制史硕士生导师。

中华人民共和国成立之初,在董必武领导成立的中国政治法律学会中,担任中国政治学会筹备委员、中国政治学会历届理事会理事、中国法律会第一届和第二届理事,后又被推选为中国法律史学会理事和顾问等,为政治法律相关学术团体的创建和运行贡献智慧。

曾炳钧始终坚持以科学精神进行学术研究,提倡"从争论中发现真理,推动真理"。20世纪50年代发表论文《关于法的继承性问题》,从哲学高度深刻揭示了法的阶级性和继承性之间的辩证关系。80年代出版译著《当代世界政治理论》,是改革开放之初填补政治学前沿空白的扛鼎之作。

自我砥砺,不用扬鞭自奋蹄

曾炳钧3岁丧父之时,家境趋紧。但是,他的生命里似乎蕴藏了不同凡响的勃勃生机。体现在行为上,就是一种与生俱来的勤奋、坚韧和聪慧。读书、思考、领悟,对他似乎是一种自然而然的使命。从儿时开始,他就刻苦读书,奋发向上,出类拔萃。1925年,曾炳钧考入清华学校大学部,翌年转入新设立的政治学系,成为清华大学政治学系首届学生。9年后的1934年,他考取了清华庚款公费留美生,赴美学习研究经济及政治学。

到美国后,他先入伊利诺伊州立大学,完成"英美预算制度"硕士论文,获经济学硕士学位;而后入哥伦比亚大学学习,并经导师引荐加入威尔逊学会,以《中日冲突在英国议会中的反映》的博士论文结业,获哥伦比亚大学博士学位。

曾炳钧热爱读书,珍视各种读书的机会。读书,用知识救中国、兴中国、创未来,成为他一生孜孜不倦的坚定信念。在清华求学时,曾炳钧过着清苦的日子,生活来源除了老家四川泸县的学业补贴外,就是每天下午4至6点在清华图书馆参考书出纳处的助学工作以及翻译、写稿的报酬,直到毕业还欠学校学费、伙食费200余元。但是,困窘的生活没有阻挡他对知识的渴求。遇有想读而作为学生尚不能在图书馆借阅的图书,他就请求老师帮助借书。清华著名教授吴宓曾在1927年6月10日的日记里记录道:下午,学生曾炳钧又来托代借书。宓虽厌其繁,而仍不能不为之代借也。

1935年秋,曾炳钧与钱学森、张光斗等20余名清华学生,在上海乘邮轮踏上求学美国之路。在伊利诺伊州立大学,克服人地生疏的困难,无论教室、图书馆还是宿舍,都是他奋发苦读的场所,仅用一年时间便获得经济学硕士学位。在哥伦比亚大学,遭遇严重风湿热疾病和战时停发公费的经济拮据,他依然刻苦攻读,如期获得政治学博士学位。

当问及他当年为什么要选择政法这条严峻的道路时,得到的回答是:

"人各有志,我看到当时的祖国正处在风雨飘摇之中,想立志用政治和法律来救中国。"

秉持信念、知行合一贯穿着曾炳钧的一生。他在美读书期间,第二次世界大战全面爆发。1941年修完学业,取得博士学位时,正值国内抗日战争进入白热化,陪都重庆遭到日寇疯狂轰炸,抗战急需新型战斗机。曾炳钧接受当时在美国的中共地下党员冀朝鼎的委托,签下生死状,作为唯一的中国押运员,乘坐名为S.S. Gunny的挪威货船,自纽约启程,取道大西洋,绕道好望角,转行印度洋,在战火和骇浪的生死考验中辗转3个月,终于将美国政府援助的新型战斗机带回祖国,投入抗战。他自己只是随身携带了满满两大木箱书籍。

1947年在反饥饿、反内战的运动中,曾炳钧在武汉大学与金克木、韩德培等6位教授于5月28日在上海《观察》上发表《我们对学潮的意见》,呼吁停止内战,促进和谈统一。武汉大学发生军警特务包围学校,抓捕师生,开枪打死打伤学生的惨案之后,曾炳钧立即赶赴现场,作为教授善后委员会主席,宣布罢教,要求严惩凶手,抗议军警进驻学校,并多方奔走积极营救被迫害的师生。

曾炳钧1948年就任清华大学政治系教授,担任系主任。1952年院系调整时来到北京政法学院任教。1956年,他担任国家与法的历史教研室主任,在教研室草创阶段,他积极进行课程建设,引导学术研究,培养师资队伍。包括组织教师集体备课,讨论分享所有课程内容;要求教师必须制订个人教学和科研计划,积极撰写教材,把科研作为教学的活水源头;鼓励教师注重史料的搜集整理,讲授历史发展规律要让材料说话。

要求教师做到的,曾炳钧自己一定躬行践履。在北京政法学院第一次科学讨论会上,他提交了研究撰写的长篇论文《我国国家机构的民主性质》。在"中国国家与法"讲义的创作过程中,他参加了全部的集体讨论,承担从殷周至秦汉时期法制史课程的讲授。1963年,他与薛梅卿合著的《中国国家与法的历史讲义》第一册"奴隶、封建社会部分(校内)"及经他审阅的第二册出版,这是北京政法学院出版的第一部中国法制史教材,也是中华人民共和国出版最早的中国法制史教材之一。

曾炳钧强调办好大学除了高水平的师资之外,必须要有好的图书馆设备。他积极向图书馆推荐采购书目、建议图书馆积极建设教师参考资料室,为教研室购买了多部历史与法制方面的古旧书籍。

教书育人,诲人不倦,曾炳钧对培养法学人才倾注了一生的心血。他认为培养国家法治建设的人才,需要精雕细琢,不能一蹴而就,指出:"培养一个合格的法学人才确实要有一个过程,古人云,试玉要烧三日满,辨材须待七年期。"

北京政法学院于1979年招收了复办后的第一批研究生,曾炳钧担任中国法制史专业导师组组长,直接指导了学校第一届中国法制史硕士研究生。曾炳钧每次上课都拄杖步行两公里,早早到达,静静地等待学生,从不要接送。即使是别的老师主持的讨论课,他也会按时到场听取学生发言,还经常在家里接待学生,给予点拨指导。在外地做学术考察的学生,会时常收到他的来信,信中给他们介绍老师、指导资料收集、开列书目……拳拳之心,浸透在字里行间。特别是80岁以后,由于青光眼造成严重的视力困难,他就戴上老花镜,再借助放大镜,逐字逐句为研究生修改学位论文……严于律己、率先垂范、温文尔雅的曾炳钧,被师生们尊称为"曾公"。

曾炳钧一生追求真理,始终向往民主进步。早在1955年,就向党组织递交过入党申请。十年动乱结束之后,曾炳钧非常敬佩邓小平同志实事求是的革命家胆略和风格,他要用实际行动来表达自己对国家拨乱反正、重上富国强民坦途的支持,于是在85岁高龄时再次递交了入党志愿书:"我自知年事已高,岁月无多,能力有限,贡献不大,但自信报国之志不衰,奋发之心未泯,他无所求,但愿在有生之年作为党的一个成员,尽可能做好力所能及的工作,为党的光辉事业、革命目标奋斗到底。"1985年,中国政法大学党委接受他为中国共产党党员,在鲜红的党旗前,曾炳钧终偿毕生忠诚报国之愿。

衣钵相传自端的,老生无用与安心

曾炳钧夫妇育有三女一子。大女儿是曾炳钧留学美国之前出生的,其他三个子女是留学回国后出生的。曾炳钧分别给他们起名尔慧、尔宁、尔恕、尔悌,尔字是辈分,慧、宁、恕、悌的繁体字里面分别有个心字。心脏,是人体内伴随生命开始和结束整个过程的唯一器官,也可以理解为能够接受外界信息、形成善恶判断、做出意识调整的重要器官。而"心",可以说,是人获得生命高度提升的引领。尤其恕字,就是"如心"。曾炳钧要子女时刻领悟"己所不欲勿施于人"的哲理,用心体恤他人,用心体验人生,从而追求生命的高品质。

在留学出国前,曾炳钧娶妻成家。妻子读过私塾,略通水墨和中医,一生相夫教子,温和慈爱,勤俭持家。在曾炳钧留学期间,妻子一人带着大女儿在连绵战火的泸州老家,苦苦等待了6年。曾炳钧回国后,感念妻子的不易,处处细心加倍关爱妻子。在家中订阅的多份报刊杂志中,为妻子专门订阅了《中国妇女》《北京晚报》。尤其年老后,因为分别在不同房间就寝,数九寒天之时,曾炳钧担心妻子怕冷,常半夜打着手电,走到妻子床前为其加盖被子。妻子也每每亲手为其烫平衣服,吃饭时总是为其布菜,直至去世当天上午,还叮嘱孩子为父亲买鸡炖汤。这样一种相濡以沫的夫妻恩爱,让全家洋溢着温暖祥和的气氛。

积善之家必有余庆。曾炳钧一生酷爱读书,在冒着第二次世界大战法西斯德国的战火,辗转太平洋、印度洋押运战机回国抗日时,随身携带的就是两大木箱书籍;平反补发工资第一件事情就是去琉璃厂书店买书……曾炳钧将"读书以博闻,实践以积累,忠诚以报国"贯穿一生,碧血丹心、国而忘家,奠基学科、教书育人,这些品格都在孩子们身上得到了传承。

三女儿曾尔恕是北京政法学院第一届中国法制史硕士研究生。毕业留校任教后,有一次在教学楼四楼上课,讲课之间忽然发现教室最后一排竟然坐着父亲!曾炳钧从头听到尾,还在课后与女儿进行了长时间的讨论。难以想象,82岁的高龄,拄着拐杖从家步行两公里,再一步一停地走上四楼,这是怎样的一种爱与责任!他以导师身份、以老教师身份、以父亲身份反复告诫女儿:教书不光是传授知识本身,更重要的是要教会学生学习和思考的方法。如同不仅要给求金者金子,更重要的是教会他点金术。

既是师生,又是同事,更是父女,这一奇特因缘,体现在曾炳钧和曾尔恕身上。作为"法二代"的曾尔恕,已卓然成为法史学家、博士生导师,曾任中国政法大学法律系法制史教研室支部书记、法律系副主任、图书馆馆长。为国育才,桃李芬芳,这一报国基因,这一书香文脉,可谓源远流长。

这也是曾家整个家族深感慰藉的最大欢愉之一,就像朱熹在《次韵傅丈武夷道中五绝句(其五)》中所写的那样:"衣钵相传自端的,老生无用与安心。"

后记

亲子之爱与家庭之教,是人间至纯的情感和至善的理性,也是人类绵延不息的奥秘。

在人间所有的情感与智慧中,父母对儿女的爱,对儿女的教诲,是最为深沉、最为独特的一种。这种爱和叮咛,蕴藏着无可替代的力量,宛如繁星点点,烛照着人类在时光隧道里缓缓前行。卡尔·马克思说:"还有什么比父母心中蕴藏着的情感更为神圣的呢?父母的心,是最仁慈的法官,是最贴心的朋友,是爱的太阳,它的光焰照耀、温暖着凝聚在我们心灵深处的意向。"

父母,总是把孩子视为生命中最重要的部分,用全部的心血去呵护、去照拂,恨不得将世间所有的善意和庇护都倾注在儿女身上。这份爱和教导无怨无悔,无私无畏,理性深刻,如同太阳一样辉煌,如月亮一样清澈,为儿女的成长提供了无穷的力量和向上的动力。而孩子对父母的回报,对父母的尊敬和关心,对父母的反哺和光耀,也是他们内心最深的情感表达。他们为父母分担忧虑,为父母奔波在路,陪伴父母慢慢变老,把家族的荣光发扬光大。

亲子之爱与家庭之教,广大无边,无处不在。无论儿女走到哪里,无论父母身处何方,这份情感和理性都会如影随形,弥漫在儿女的头顶和天空,无比深厚,无比真挚。它是情感和智慧的传递,更是生命和精神的延续。它以一种春风化雨、润物无声的方式,流淌在人类社会的每一个角落。无论时代如何变迁,无论世事如何变幻,父母对儿女的深情眷顾,儿女对父母的虔诚回报,始终都在,从未改变。

回望中国近现代时期名人名家的家庭教育实景,重温那些散落在时光深处的亲子温情与家教智慧,体味其中的温馨、理性、深远和绵长,就是一种最好的学习和领悟。

也因此,父母所在的那个家,是我们人生之旅的始发港,也是人生回归的目的地。

加拿大教育家维吉尼亚·萨提亚说:"我相信家庭与外界是决然不同的,它可以充满爱,关怀及了解,成为一个人养精蓄锐的场所。"

对于那些深受父母之爱和家教之光滋润的成熟儿女,他们所能达到的理想高度应该是这样的——他们发展了父母双方的良知,既能保持和父母的紧密关系,又能创新传承父母的进取精神,并由此成为父母的至爱和传人。这,正是"名人家庭教育丛书"呈现给我们的精髓之所在。

"名人家庭教育丛书"的顺利出版,首先要感谢上海开放大学副校长王伯军。王校长领衔的"名人家庭教育丛书"编委会在广泛调研的基础上确立了丛书的选题、框架和表达风格。其次要感谢上海开放大学非学历教育部部长王松华研究员,王部长自始至终全程参与了丛书的策划和实施,为丛书的顺利完成不断助力。

"名人家庭教育丛书"能够如期付梓，还要感谢八位作者，他们从国家开放大学、上海财经大学、中国福利会、上海开放大学总校及分校汇集到一起，在丛书编委会的指导下独立思考，潜心写作，高效完成了丛书的写作。在此，向八位作者表示由衷的敬佩和感谢！

"名人家庭教育丛书"的圆满出版，更要感谢上海远东出版社程云琦主任带领的编辑团队，他们为丛书的设计、审阅出版付出了辛勤劳动和专业智慧。

本丛书从制定撰写方案到完稿前后只有一年半时间，加之作者撰写经验有限，丛书难免有疏漏或不当之处，敬请读者批评指正！

"名人家庭教育丛书"主编　杨敏